ÉCHANGES

ÉCHANGES

Écrits akklésiastiques
TOME 5

Ivsan Otets

{ akklesia.eu · akklesia.fr · akklesia.com }

© 2023, Ivsan Otets

Édition : BoD - Books on Demand, info@bod.fr
Impression : BoD - Books on Demand, In de Tarpen 42, Norderstedt (Allemagne)
Impression à la demande
ISBN : 978-2-3221-1912-7
Dépôt légal : Avril 2023

SOMMAIRE

Avertissement 9

Échanges

Contre John Piper 11

Contre Tozer 31

Le tétragramme 51

Sur l'Église 65

Béatitudes 107

Père ou Fils 127

Avertissement

Le tome 5 des Écrits akklésiastiques reproduit des propos qu'Ivsan Otets échangea avec d'autres chrétiens sur des forums internet dans les années 2008-2015. Ils constituent à nos yeux un témoignage du cheminement akklésiastique et un discours **intermédiaire**. Ici, un pied est sorti de l'Église et l'autre est *en train* d'en sortir. De fait, pour prendre un exemple, nous ne parlerions plus du tout du tétragramme de la même manière.

On ne passe pas de la plaine ecclésiastique à l'Everest de la relation adogmatique avec le Christ sans traverser la moyenne montagne que reflètent ces échanges. Ils manifestent l'évolution d'une pensée et d'une foi se détachant progressivement de ses entraves religieuses et tâchant de lutter contre les réflexes dogmatiques.

Le format du forum a pour avantage de rendre le propos plus dynamique en permettant de répondre directement à des interrogations particulières ou à des critiques précises que nous n'aurions peut-être pas soulevées ; c'est un cadre qui entraîne également des formulations différentes du discours akklésiastique, adaptées à l'interlocuteur.

Le contexte des dialogues est brièvement précisé pour chacun d'entre eux. En tout et pour tout ils eurent lieu sur au moins trois forums – généraliste, protestant et catholique.

Le pseudonyme qu'utilisait Ivsan Otets à l'époque était *Les Cahiers Jérémie (LCJ)* ; ce pseudonyme a été ici remplacé par *Akklésia*, dans toutes les interventions.

Les divers interlocuteurs ont tous été rendus anonymes, et leurs commentaires ont été laissés tels quels sauf pour quelques nécessaires corrections orthographiques. Ces commentaires ne sont pas toujours cités intégralement mais les extraits retenus visent à rendre l'échange intelligible.

Nous avons procédé à de rares ajouts entre crochets pour préciser un propos d'Ivsan Otets ici ou là. L'emphase en caractères gras est également ajoutée ainsi que la plupart des notes de bas de page apportant références ou précisions. La note de la page 113 est un lien hypertexte fourni par l'interlocuteur lui-même dans son message original.

Ivsan & Dianitsa Otets

Contre John Piper
Et l'« hédonisme chrétien »
— *Sur un blog protestant – où j'ai finalement été expulsé*

EN CONTESTATION DU TEXTE CI-APRÈS intitulé « Le Rythme de la foi », de JOHN PIPER :

> Quand nous sommes sur le point de mourir, il y a tellement d'aspects de la vie qui ont l'air différents. Bien des frénésies de notre passé nous semblent alors bien vaines. Alors que nous sommes couchés sur notre lit de mort, 99% des craintes que nous avons éprouvées durant notre vie nous semblent ridicules.
>
> POURQUOI NE PAS L'APPRENDRE MAINTENANT ?
>
> Esaïe dit en 28^{16} : « celui qui se fie [à lui] ne se hâtera pas. » Croire en un Dieu souverain et aimant ôte les craintes de notre vie. J'ai un ami pasteur qui n'a jamais l'air pressé mais qui accomplit énormément de travail. Quand il attend des personnes en retard, il ne perd pas du temps à faire les cent pas. Quand un fusible saute en plein milieu de son service il ne se met pas en colère. Quand les choses ne se passent pas comme il le veut durant les conseils d'administration il ne se met pas à se ronger les ongles. Il donne une impression très distincte qu'il sait quelque chose que nous ignorons, tout comme une personne qui a déjà lu le livre et sait comment il se termine.

Son secret se trouve en ESAÏE 28:16 : « celui qui se fie [à lui] ne se hâtera pas. » Se fier à qui ? À un Dieu qui est le véritable Dieu, et qui œuvre toujours en faveur de ceux qui croient en Lui. Si Dieu agit en notre faveur au travers du retard de certaines personnes, ou alors quand un fusible saute, ou bien lors des conseils d'administration qui ne vont pas comme il faut – si Dieu agit en tout temps pour notre bien, alors pourquoi s'énerver ? Pourquoi avoir peur ? Pourquoi être pressé ?

Quand Paul dit : « ce que je vis maintenant dans la chair, je le vis dans la foi, la foi au Fils de Dieu, qui m'a aimé et qui s'est livré lui-même pour moi », il veut dire : « À chaque instant je suis confiant dans le fait que l'amour qui a amené Christ à la croix pour moi le fait également œuvrer en ma faveur. » C'est pour cela que Paul dit : « j'ai appris à être content en moi-même dans les circonstances où je me trouve. » Il croyait en la présente bonté et puissance de Dieu, donc il n'était pas pressé, pas apeuré ni énervé.

LA PRÉCIPITATION ENGENDRE DU GASPILLAGE

Gaspillage de paix, de santé, de joie. Le Seigneur ne se presse jamais car toutes choses sont sous Son contrôle. Une telle puissance devrait marquer son peuple ! Nous le déshonorons de par notre agitation. Les enfants du Roi ne paniquent pas quand ils perdent leurs clés.

Imaginez un sergent dans l'armée d'Israël à la Mer Rouge alors que le pharaon approche par derrière. Il est vraiment pressé et il s'agite afin de préparer une flottille, il organise des équipes afin d'aller chercher du bois et de la corde, du goudron et des outils. Il reste debout jusque tard, grondant les ouvriers feignants, se plaignant du travail bâclé. Puis, un matin, une grande douleur lui saisit la poitrine,

```
son bras gauche s'engourdit et l'homme a la
nausée. Ses ouvriers le transportent dans sa
tente au sommet de la colline, et la dernière
chose qu'il voit est la Mer Rouge qui s'ouvre
en deux d'un seul souffle divin, et les gens
qui passent en toute sécurité, laissant sa
flottille derrière eux.
Bethléem, Bethléem! Ton Dieu jamais ne
s'assoupit ni ne dort. Ne sois pas anxieuse ou
inquiète. Ton Père sait ce qu'il te faut avant
même que tu ne le demandes. Il œuvre en ta
faveur en cet instant même. Fais-lui confiance.
Ralentis ton pas. Car «celui qui se fie [à Lui]
ne se hâtera pas.» Rythmé par la foi.
```

Akklésia — Ce «rythme de la foi» du pasteur baptiste JOHN PIPER est plus un mode de croyance de type *hindou-christianisante* ou *bouddha-chrisitianisante*. On fait ici accroire à l'homme que la foi en Christ est exempte de pression, de luttes et d'angoisses. Ce qui est en vérité tout le contraire! Toute l'Écriture nous dit que les hommes de foi ont vécu toute leur vie dans les pressions, les luttes, les angoisses et même les doutes. Toute la parole du Christ ne cesse d'avertir que: « c'est par beaucoup de tribulations... » Les hommes de foi étaient loin et très loin de cette *Chamallow béatitude* à la PIPER et que prêchent aussi les philosophies orientales et les gnoses de toutes sortes, celles qui ne cessent de courir dans l'Histoire des religions, faisant passer le divin pour une sorte d'huile anesthésiante des maux de la vie, une machine à bonheur tant qu'on la paye de la morale adéquate.

Quand Paul dit : « ...ce que je vis maintenant dans la chair, je le vis dans la foi au Fils de Dieu » – de quoi parle-t-il en réalité ? Précisément, il eut fallu ne pas piper les dés de la Bible M. PIPER ! Car c'est juste avant que Paul nous dit de quoi il parle. Et il ne fallait pas l'omettre pour faire passer son petit hédonisme hindou-chrétien en découpant dans la Bible ce qui convient à ce mélange du christianisme mondain. « J'ai été crucifié avec Christ [...] et si je vis maintenant dans la chair, je vis dans la foi au Fils de Dieu... » disait Paul. Il parlait d'une crucifixion dans sa chair ! Il parlait de sa douleur, de son angoisse devant toutes les difficultés et les pressions que la vie chrétienne lui apportait, témoignant qu'il les supportait parce qu'il regardait vers le but : la Résurrection. Ainsi ne cesse-t-il de parler dans toutes ses lettres de la communion aux souffrances du Christ, des ses tribulations, etc. Dès le chemin de Damas, Paul vécut dans la souffrance, au point d'en arriver à dire : « Christ est ma vie, et la mort m'est un gain. Mais s'il est utile pour mon œuvre que je vive dans la chair, je ne saurais dire ce que je dois préférer. Je suis pressé des deux côtés : j'ai le désir de m'en aller et d'être avec Christ, ce qui de beaucoup est le meilleur... »

PIPER pipe encore les versets de l'Écriture en sortant un bout d'ÉSAÏE de son contexte. Car il est question là-bas d'un jugement qui vient mettre à bas le système religieux du judaïsme de l'époque. Et le prophète de dire : « Celui qui s'appuie sur la foi ne sera pas pris de court devant cette catastrophe. » Il n'est pas question là-bas d'un mode de vie que prêche Ésaïe, mais du fait que devant l'abîme de l'épreuve, l'homme de foi se révèle. Tout le livre de JÉRÉMIE est d'ailleurs sur ce leitmotiv : le Temple sera détruit, la terre saccagée, les ministères déchus, mais celui qui a foi tiendra bon, comprenant que là est finalement une situation que maîtrise Dieu.

Mais bien sûr, M. PIPER a certainement été grassement payé de plusieurs milliers de dollars par mois durant son travail dans son église baptiste; et probablement que sa retraite sur des fonds de pension américains doit aussi être de quelques SMIC par mois. Je doute que notre homme puisse se comparer au vécu de Paul ou à la situation de Jérémie, car tous deux ont vu s'écrouler les fondements d'un système religieux sur lesquels ils avaient durant de longues années mis toutes leurs espérances. M. PIPER, quant à lui, voit son système religieux bien debout, solide, applaudi et se répandant dans le monde. Aussi, est-il bien facile pour lui, si loin du désert, si loin de la mort de la crucifixion, de jouer au sage serein, béat, tel un gourou que rien ne semble ébranler. Sur son lit de mort, précisément, que vaudront ce système ekklésial et cet hédonisme chrétien auquel il a voué toute sa vie ?

Quoi qu'il en soit, il existe toutefois une paix chrétienne à laquelle le mondain n'a pas accès. C'est la paix de la conscience ! Gratuite et donnée par grâce d'En-Haut ! Le monde peut se gaver de plaisir, de maîtres de conférences pour maîtriser sa psychologie, d'heures de psychanalyse, de toutes sortes de plaisirs et jouissances pour évacuer son stress... jamais il n'aura cette paix de la conscience par laquelle celui qui l'embrasse sait n'être coupable de rien – à jamais ! Cette paix-là exige que le Christ pénètre l'âme d'un homme et qu'il brise l'épée flamboyante des jugements de la loi qui ne cesse de le menacer intérieurement. Or, faire entrer chez soi le Christ, voilà une audace, car la couronne d'une telle paix, très certainement, ne plaît pas à la chair qui aime mériter sa paix et qui ne supporte pas l'illogique du Christ qui pardonne l'impardonnable. Aussi la conscience est-elle enfin rendue libre tandis que la chair et sa justice reçoivent les clous. Dès lors, la situation est ici-bas très inconfortable, mais la finalité dans le monde-à-venir est si extraordinaire !

1er intervenant • Il y a aussi un verset qui dit : « C'est dans le calme et la confiance... ». Alors oui, en tant que chrétien, on ne devrait pas s'affoler, se faire du souci, s'angoisser, tomber en dépression (ou déprimer), sombrer dans l'alcoolisme, etc... Mais c'est toujours plus facile à dire qu'à vivre !!! Sans la grâce et le secours de Dieu, nous ne sommes rien et nous ne pouvons rien faire !!! Mais comme le mentionne également Akklésia, la vie chrétienne n'est pas (toujours) un long fleuve tranquille...

Akklésia — Loin de moi la volonté de chicaner, mais il me semble que ce que vous dites est significatif d'une certaine lecture biblique qui précisément tend vers cet état d'esprit « à la PIPER ». — « C'est dans le calme et la confiance... » ; le chrétien est ici voué à un comportement rien de moins identique à ce que prêche n'importe quelle spiritualité ou sagesse humaniste. Une attitude politique somme toute où l'homme civilisé est toujours plutôt stoïque devant les alternatives de la vie, certain que sa philosophie de vie ne lui jouera pas un tour qu'il ne puisse maîtriser. Celui qui s'inquiète et se décourage est finalement en faute... quasiment « dans le péché ». C'est totalement contraire à l'esprit de l'Écriture.

Le texte d'Ésaïe auquel vous vous référez ne prône absolument pas cela. Devant la menace assyrienne, les Israélites se sont alliés à l'Égypte plutôt que de se réfugier dans « les ténèbres de la foi » pour reprendre le mot de Luther. Le prophète ne leur reproche donc pas leur inquiétude, leurs soucis ou même d'être déprimés devant la terrible menace qui pèse sur eux. Mais il leur reproche de ne pas y répondre « par la foi ». Il leur reproche de ne pas y faire face, mais de les fuir en s'embarquant dans des solutions humaines. C'est absolument différent. Car en répondant aux aléas de la vie par des alternatives humaines, on évite précisément de faire face à l'inquiétude et au découragement dont est toute empreinte notre misérable nature. De fait, on retrouve l'équilibre et on parvient ensuite facilement à évoquer sa spiritualité ; mais en vérité, cet homme-là n'a pas agi spirituellement, seulement humainement.

Tandis qu'en appeler à Dieu nous coûte de faire face à l'inquiétude et aux angoisses, c'est-à-dire à la réalité de ce que nous sommes en vérité. Il s'agit même là de les convoquer littéralement pour leur résister en face par la Foi. Aussi toute l'Écriture ne reproche-t-elle pas à l'homme son inquiétude ou son découragement comme s'il « péchait » en cela – niet ! Car elle sait fort bien qu'il ne peut y échapper tant cette angoisse est la vérité même de sa nature ; mais elle l'invite à s'attaquer de face à cette vérité, par la Foi, plutôt que de la fuir en solutions humaines. Ainsi voyons-nous cette étrange situation dans laquelle fut mise le Christ lui-même : « Alors Jésus fut emmené par l'Esprit dans le désert, pour être tenté par le diable. » Il s'agit donc de considérer que l'Esprit nous met précisément dans des situations extrêmes ; aussi faut-il plutôt s'inquiéter si ce n'est pas le cas ! Peut-être ne sommes-nous alors que des enfants au biberon, protégés dans le nid douillet des « hédonistes chrétiens ». Quant à l'homme mûr, à l'instar des hommes de Dieu parcourant l'Écriture, il ne vit plus dans ce cocon des illusions. Il a appris ce que signifie « être un homme de douleur et habitué à la souffrance ». — Je me méfie des PIPER et autres prophètes de la paix, du calme et de l'équilibre ; l'Écriture n'a de cesse de faire peser sur ces prophètes de la paix le titre de **faux prophète**.

2ᵉ intervenant • Merci Ivsan, par votre réflexion vous avez su rappeler que le chemin est étroit et bouleversant, « que la tristesse selon Dieu produit une repentance à salut » et que l'épreuve n'est pas synonyme d'égarement bien au contraire... Rien de charnel n'hérite le royaume de Dieu et l'épée de l'Esprit amène tout à la lumière sur le long chemin du royaume... Dieu n'en a pas fini avec l'homme ! Quant à moi, je suis dans l'expectative face à tous ceux qui se proclament prophètes, parlant au nom de Dieu et qui disent tout et son contraire... Ils sont légion aujourd'hui, mais sont-ils assez faibles pour que Dieu parle réellement par leur bouche ?

Akklésia — « Sont-ils assez faibles pour que Dieu parle par leur bouche ? » — Certainement pas selon moi, de même que le diabolique n'est jamais assez définitif pour ne pas être encore utile à Dieu. Le Christ lui-même n'a-t-il pas choisi « un diable » comme apôtre, pour reprendre les termes de l'Évangile, afin qu'il serve à sa crucifixion sans laquelle il n'existe plus d'espérance ? De même que Dieu peut aussi se servir de pierres pour parler, etc.

Soit donc, toute cette tripotée de gais lurons à l'Évangile chamallow annonçant aux chrétiens tous les bonheurs terrestres au nom du Christ... ces enfants donc, très certainement sont-ils utiles pour abreuver de lait des enfants semblables à eux-mêmes ; tantôt chimériques, tantôt logiques devant la croix, mais jamais ne connaissant le «pourquoi m'as-tu abandonné ? » Or, qui prétendra Le connaître sans jamais connaître aussi cet abandon ?

Quand, de plus, ces prêcheurs se mettent à faire accroire aux hommes que leur lait est de la viande, devenant ainsi prêcheurs de pacotille... Pour moi, je considère qu'il faut dégainer et être sévère comme a su parfois l'être le Christ ! Car c'est à cause de cette théologie en caoutchouc qu'une grande majorité de la chrétienté en est encore au lait tandis qu'elle devrait en être à la viande : « Être des maîtres » nous dit le texte. Or, en être au lait après 5 ou 10 ans de foi, c'est s'entendre dire : «Pourquoi as-tu enterré ton talent ? » C'est une chose extrêmement grave. Ces prédicateurs-là sont excessivement dangereux, et je me demande très sérieusement si leur dieu est mon Dieu. Quand nous voyons le Christ, se tournant vers les apôtres, alors incapables de concevoir sa mise à mort, et leur dire : «Arrière de moi le satan ! ». Que dirait-il de cette théologie ? Pour moi, je vois en elle un refus de la mise à mort, c'est-à-dire de la possibilité de résurrection, et une recherche addictive d'un bonheur spirite. Le vêtement évangélique qui la recouvre sera son propre juge !

3ᵉ intervenant • Je vous trouve bien sévère envers PIPER. Il est, à mon sens, un des rares à se démarquer de la foule des charlatans et autres pseudo-prophètes qui empoisonnent et décrédibilisent la mouvance évangélique de nos jours. Son

« hédonisme chrétien » n'a absolument rien de charnel. Bien au contraire, PIPER est un farouche adversaire de l'évangile de prospérité et ne cesse d'en dénoncer l'hérésie, (voir à ce sujet : *Piper & the Prosperity Gospel*). J'espère ne pas dénaturer sa pensée en la résumant ainsi : *l'être humain a été créé pour la joie dans la contemplation béatifique de son Seigneur. Cette joie peut commencer ici-bas, dans la prière et l'adoration. Alors, fermement ancrés dans l'amour du Sauveur, quelles que soient les circonstances de vie et les épreuves traversées, nous sommes comme portés, même à travers les larmes, (écoutez bien la fin de la vidéo) par cette joie ineffable qui se nourrit de l'assurance de notre salut et la certitude d'être appelés à une éternité glorieuse avec notre Dieu*. Bref, la joie à laquelle PIPER nous exhorte est toute spirituelle.

Akklésia — Désolé pour la longueur, mais la réponse mérite une certaine précision afin d'éviter les mal-entendus. — Lorsque j'écoute ou lis PIPER, j'ai l'impression d'entendre encore une fois les [philosophes] Grecs. Son « hédonisme chrétien » n'est qu'une reformulation de cette « contemplation » (*theoria*) glorifiée par les Grecs et leurs disciples. ARISTOTE, PLATON, SPINOZA, HEGEL... et j'en passe, n'ont fait que tenir le même discours à la PIPER : « En contemplant la nécessité de tout ce qui arrive dans l'univers, notre esprit éprouve la joie suprême » disait SPINOZA. La contemplation de l'esprit par l'étude et la méditation a toujours été pour les logiques la réponse donnée aux joies incomplètes de la vie et à la terrible condition de notre existence corporelle. « La béatitude est elle-même la vertu » (*beatitudo est ipsa virtus*) disait encore SPINOZA. Exactement le même propos que PIPER tient lorsqu'il cite EDWARDS dans son *Au risque* *d'être heureux*: « Le bonheur de la créature consiste à se réjouir en Dieu, qui est ainsi magnifié et exalté. [...] La raison d'être de la création est de rendre gloire à Dieu. » Et PIPER de rajouter : « La joie n'est pas simplement une retombée de notre obéissance à Dieu : elle en fait partie. Parce qu'être joyeux est un acte d'obéissance ». PIPER, tel un bon disciple des [philosophes] Grecs, a bien appris sa leçon et ne fait que les répéter en allant simplement voler du texte ici et là dans le corpus biblique, mais sa lecture de l'Écriture n'en reste pas moins vendue aux [philosophes] Grecs ; pour lui aussi : La béatitude devant Dieu est la vertu elle-même.

Ainsi donc le chrétien, tel le sage ayant conscience de son impuissance, est voué à une « bête-attitude » dans une joie tout intérieure, et qu'il se doit même de mettre en pratique, tel un disciple obéissant – dans ses pires moments ! Un philosophe russe explique ailleurs qu'il faut tendre vers « la béatitude des Stoïciens, des Épicuriens ou encore de SOCRATE par laquelle l'homme vertueux goûte la béatitude jusque dans le taureau de Phalaris. » Le taureau de Phalaris était un taureau en airain qu'un tyran faisait chauffer à blanc pour y faire cuire ses ennemis ; un mécanisme dans les naseaux rendait les cris des suppliciés en une musique mélodieuse. Devant l'impuissance de la vie, les inattendus de notre faible humanité et les tortures qui en résultent, « les joies, les extases et la béatitude éternelle sont des appâts, dont il faut bien se servir pour séduire les hommes incapables de comprendre que la fin de l'univers n'est nullement en eux et en leurs destinées, mais dans les lois éternelles et dans la sublime rigueur de l'ordre. »

C'est-à-dire que *la contemplation béatifique du divin* est l'homéopathie de l'homme par laquelle il se soumet à l'ordre du Dieu-Omnipotent. De là, il attend ce jour, où enfin, il sera délivré de sa misère d'exister en propre.

Et là-bas, à genoux et sublimé [écrasé, subjugué] devant l'éternité et l'Être éternel, il ne sera plus qu'adoration, contemplation et béatitude. **Il ne sera plus!** et Dieu sera tout! Un Dieu égotiste et boulimique somme toute, voulant que tout se concentre sur Lui. Et de plus, un Dieu complètement impuissant à dire à l'homme: « Existe! Sois le commencement et la fin, l'alpha et l'oméga, prends en main ton univers; car désormais rien ne te sera impossible! Aussi, n'est-ce pas de joie béate dont je te parle comme si j'avais le désir de t'accrocher à mes basques dans une adoration angélique redondante; c'est de la puissance d'une résurrection dont je te parle; c'est-à-dire du fait d'avoir pour toi une existence en particulier où tu es maître. Je te parle du fait d'être **tel que je suis**, tel un fils est de la nature de son Père. »

Les théologies à la PIPER sont en vérité plus dangereuses que les théologies de la prospérité. Pourquoi? Parce qu'elles ont basculé dans **la tiédeur**. La folie des théories extrêmes de la prospérité a au moins pour elle cette ardeur à **exister**. Certes, il leur manque le tas de fumier de Job pour réaliser combien cette puissance d'existence est de l'ordre de la résurrection; mais au moins, ils n'y ont pas renoncé, et de là, ils sont finalement plus proches de l'intention divine. *A contrario*, l'*hédonisme chrétien* nous y fait renoncer – ce qui est incommensurablement plus grave! Tels les Laodicéens et les sages grecs, les PIPER ont tout compris et n'ont plus besoin qu'on leur ouvre les yeux: « il faut renoncer à la puissance d'exister » disent-ils, « il faut se réfugier dans la contemplation béate, car tel est l'ordre du divin. » Que répondra Dieu ?

Pour KIERKEGAARD déjà, les pires tourments que subit le vivant sont préférables à la « béatitude » de l'être idéal plongé dans la paix. Ailleurs, CHESTOV dit : « Job rejeta toutes les consolations philosophiques, toutes les consolations mensongères de la sagesse humaine. Et le Dieu de la Bible non seulement n'y vit pas une "volonté mauvaise", mais il condamna les "consolateurs" de Job, qui lui proposaient de remplacer les bien "finis" par la Contemplation de l'éternité. » — Job voulait récupérer ses biens, ses richesses, ses gloires et les siens. Il n'écouta donc pas les consolateurs à la PIPER. Il voulait, non pas se réjouir sur son tas de fumier, attendant ce jour, où béat et en adoration devant le beau, le vrai et le juste, il n'aurait plus rien à répliquer, ni aucun droit à faire exister son propre univers.

Job voulait entrer dans la résurrection, et tel un fils prodigue, tuer le veau gras avec Dieu et faire la fête avec lui, non à ses pieds ! Il voulait ses biens, ses gloires et retrouver les siens que la première nature lui avait violemment pris. — La joie de Dieu, c'est la fête, non la contemplation béate du dominé devant son dominant. Il est simplement dommage que : **Les uns**, les défenseurs de la théologie de la prospérité, n'ayant pas assez de foi pour l'attendre dans le monde-à-venir, basculent dans le n'importe quoi d'un Dieu distributeur de sucreries... Et que **les autres**, tellement apeurés par l'idée de souffrir, renoncent définitivement à l'idée existentielle, et de fait à la fête, laquelle n'est pas une béatitude, mais une réelle puissance d'existence. Soit donc, ceux-là se réfugient dans une contemplation angélique qui n'est plus humaine, mais **monstrueuse**. Ils se transforment en disque rayé ; et répétant sans cesse leur *alléluia*, ils sont pétrifiés dans la seule Crainte divine du « saint, saint, saint » qui jamais n'atteint l'Amour intime qu'a la Sulamithe avec le Christ.

Ceux-là, et leur théologie, sont une peste bien plus grave que les premiers, car ils font précisément du chrétien les serviteurs des anges, c'est-à-dire des Élohims, alors que le chrétien, tel un fils de l'homme, est destiné à « juger les anges » disait Paul — à être maître des élohims et autres malahims... Le chrétien a comme perspective de joie d'être tel son Père. À cet instant, le mot « joie » n'a plus assez de profondeur pour parler de ce geste par lequel Dieu donne sa nature même, son sang et sa chair ! C'est pourquoi il s'agit de prendre garde quand nous mettons dans la bouche du Christ un tel mot comme s'il en parlait, lui, tel que naturellement nous le comprenons. Le Christ ne parlait pas d'hédonisme, c'est de bien autre chose dont il parle, et probablement de radicalement supérieur.

2e intervenant • Pour en revenir au « rythme de la foi », j'ai le sentiment que l'on confond notre expérience et les émotions s'y rattachant avec le principe de la foi, et c'est pour cela qu'il y a autant de définitions de la foi que de parcours individuels... La foi est un principe objectif qui est défini dans la Bible et qui n'est pas relativisé par l'expérience. Elle n'est ni quantitative ni sujette aux variations... Le Christ en parle et la compare au sénevé, qui possède la plus petite de toutes les graines. C'est à se demander si elle existe aujourd'hui ! La foi est la traduction d'une relation vivante, permanente, authentique, non illusoire, avec le Créateur de nos vies, elle signifie la communion entre deux personnes, à savoir le Père avec son fils, comme dans la vie courante « normale ». Pour cela elle doit grandir, être purifiée de toutes les scories de l'âme, débarrassée de toutes conceptions illusoires d'un pseudo-royaume de Dieu encombré d'approches charnelles. Je pense que Dieu est plus proche de celui qui reste dans le silence du désarroi et qui traverse la sombre vallée que de celui qui manie les dogmes les plus droits du haut de sa sagesse inébranlable. Celui-là entendra la voix du Christ et sera prêt lorsqu'Il frappera à sa porte. Assurément, il participera au repas avec Lui. La Foi, c'est entendre Sa voix et ouvrir cette porte. Je me souviens que Dieu ne regarde pas à l'apparence mais au cœur. Puissions-nous avoir ce regard et ne pas nous laisser subjuguer inutilement par des apparences trompeuses, dussent-elles prospérer et avoir la reconnaissance des hommes... Il cherche des hommes qui L'écoutent en silence et savent rester dans le secret de la solitude, attentifs à Sa voix. Le monde s'agite mais Dieu agrée les petites choses !

Akklésia — Cher ami, je ne sais qui vous a appris à penser que la foi serait « un principe objectif » qu'il ne faut pas rattacher à « un parcours individuel ». C'est bien tout le contraire – voyons ! La foi, c'est du subjectif et complètement du subjectif parce qu'elle est le principe même de la vie. Or, la vie, c'est l'être individuel, son chemin, sa spécificité et ce qui lui donne son caractère unique. Qu'est-ce qui est objectif dans l'Écriture, et même dans la vie, qu'on la considère d'un point de vue religieux ou non ? C'est la Loi... plus largement la Raison, et bien sûr tout ce qui est sensible !

Kant l'avait hélas fort bien compris avec son « impératif catégorique » ; car « tu ne tueras point » est un impératif catégorique qui se moque bien des particularités et des parcours individuels. Le Christ le disait d'ailleurs pareillement : « celui qui fait passer son frère pour un fou mérite d'être puni par le feu de la géhenne. » La Loi, c'est la Loi, c'est objectif et le parcours subjectif du sujet ne doit pas venir l'amoindrir. **Par la Loi, le sujet devient un objet.** On le mesure, le pèse et le calcule à la règle absolue d'un dogme immuable, intouchable, catégoriquement non modifiable. C'est pourquoi cette perfection de la Loi, ainsi que toute objectivité est pour le vivant un processus de malédiction. « Partout où la perfection s'installe, le satan danse », disait par ailleurs un célèbre exégète juif (le Maharal de Prague). Prêcher l'objectivité, **c'est donner de la joie au diabolique.** Aussi faut-il faire en sorte que la loi soit faite pour l'homme, et non l'inverse. L'obliger ainsi à se remettre en question, à abandonner son objectivité pour tenir compte de Notre subjectivité. Plus un homme le fait, plus la Loi recule, et quant à l'homme, il en vient finalement à chercher un Dieu pour qui **la Foi seule** suffit, sans la Loi ni l'expérience sensible qui est son double.

Le vivant et donc l'homme, c'est ce qui est toujours en suspens, en devenir, en chemin. Le seul rapport qui lui convient avec la Vie est précisément un rapport subjectif. Un rôle que joue parfaitement la Foi. La foi, c'est le suprême confort de l'Être. C'est pourquoi, contrairement à ce que vous dites, la foi est quantitative et sujette aux variations. De même en est-il de l'homme. Il est sujet aux variations durant son cheminement et il n'est jamais quantitativement [et qualitativement] le même. Fort heureusement ! sinon nous demanderions à être mesuré de la même mesure à 17 ans qu'à 50 ans. [Or, nous demandons le contraire : que la mesure du jugement s'adapte à l'évolution de nos circonstances :] Ceci, la Loi ne peut le faire, elle n'a pas cette souplesse ; elle est rigide et absolue[1]. Un autre exégète juif dit par ailleurs la chose suivante à propos du passage concernant Jacob et l'ange, lors du changement de nom de Jacob : « Les Anges n'ont pas d'articulations. La flexibilité vient des articulations. La flexibilité psychique c'est de ne pas être enfermé dans quelque chose de fixe qui serait une idéologie. Le combat de Jacob, c'est mettre en place des noms d'articulation pour montrer que la capacité de changer, la bénédiction, ça ne peut se faire que si j'ai conscience d'un corps articulé qui est capable justement d'être dans une fluidité, un mouvement... Mais dans la rigueur d'un corps, on est figé. Être béni, c'est apprendre à danser : là où les articulations sont sensibles comme possibilités de flexibilité. Lorsqu'il y a un jugement définitif, il faut taper dans les mains et danser, ça fait partir le mal. »[2]

C'est pourquoi le Christ rapporte la foi à une quantité sachant bien qu'elle est sujette aux variations dans la vie d'un homme : « Gens de petite foi – littéralement : *oligo-foi* [...] si vous aviez de la foi, même comme une graine, vous déplaceriez les montagnes... » Et les disciples de ne pas s'y tromper : « Augmente-nous la foi » ; ou encore Paul : « Nous

---

[1] À sa base et dans son impératif catégorique, la Loi ne fait pas de variation, contrairement à la *circonstance atténuante* qui a été introduite dans un processus d'évolution de la loi dans les sociétés humaines.

[2] MARC-ALAIN OUAKNIN, rabbin, docteur en philosophie, professeur des Universités (Bar-Ilan), Targoum: atelier de méthodologie et de traduction de la Bible, Paris, juillet 2008 · Cours n°3/22 : *Dieu rendu éternel par ses enfants*.

travaillons pour vous en ayant l'espérance que votre foi augmente... » (cf. 2 Co 10).

Vous parlez plus loin d'un « faux royaume des cieux qui serait charnel ». Je suppose donc que vous savez ce que serait le « vrai royaume des cieux qui serait spirituel ». Toutefois, le Christ ne disant quasi rien sur le Royaume des Cieux, si ce n'est : « cherchez-le », il s'ensuit qu'il nous dit de le chercher par un processus qui s'appelle la foi. Mais la foi, étant pour vous un processus *objectif*, la *purification* des scories de l'âme, et dites-vous encore : « écouter Dieu dans le silence du désarroi et en traversant la sombre vallée », je comprends que le monde-à-venir est pour vous le monde d'une perfection objective qu'on a mérité en le payant de sa souffrance et de sa solitude.

Le NT définit pourtant la foi de manière fort simple : « Ce qui échappe aux preuves ». Or, que fait précisément la souffrance dans la vie. Elle remet en question ce qui pour nous était évident, prouvé, objectif. Elle nous oblige à nous passer de preuves. Elle nous fait entrer en lutte contre l'archange de la Raison, contre la *vox populi*, contre les postulats populaires, contre ces vérités qu'on ne discute plus dans l'ekklésia, lesquelles fournissent toujours au croyant religieux suffisamment de preuves pour penser qu'il vit dans la foi. Les voici donc les scories de l'âme : c'est la raison, c'est ce qui est évident, ce sont **les preuves** ! C'est être intellectuellement attaché à ce qui est immédiatement connu, soit par la logique, soit par une émotivité et une sentimentalité exacerbée, soit par la vérité populaire qu'on ne discute plus (la voix du plus fort), soit par une pseudo-méditation où nos fantasmes se font passer pour la voix d'En-Haut. Comme le disait Kierkegaard, les scories c'est lorsqu'on peut juger objectivement, et sans justement *regarder au cœur* : « L'Esprit est la négation de l'immédiateté directe, car être reconnaissable directement est précisément ce qui caractérise l'idole. »

La souffrance ne donne aucun droit. Ce sont les années passées sur mon tas de fumier qui m'ont appris cela. La souffrance ne nous apprend pas à faire fléchir Dieu parce que nos larmes paieraient le prix qui convient. La souffrance nous apprend à acquérir des articulations, à quitter la rigidité de la raison et autres preuves objectives ; elle nous permet, peut-être, d'entrer dans une autre dimension de la pensée qui se passe des évidences et des preuves, c'est-à-dire dans la Foi. Ce que Paul appelait « la métamorphose de l'intelligence » (Rom 12) et « l'intelligence spirituelle » (Col 1). Le rythme de la foi, ce n'est ni la sérénité du sage, ni la purification morale, ni l'expérience mystique, ni la méditation transcendantale – c'est **devenir fou** en entrant dans une dimension de la pensée jugée comme fausse par la Réalité. **Qui supportera un tel rythme ?** Car il faut supporter bien des souffrances, puis la remise en question de nos évidences qui s'ensuit, pour pouvoir dire un jour, de tout son cœur : « Je ne suis pas de ce monde. »

Contre Tozer
Contre un texte de A.W. Tozer
— *Sur un blog protestant – où j'ai finalement été censuré*

AIDEN WILSON TOZER (1897-1963) était un pasteur américain, prédicateur, auteur, éditeur et conférencier. Il fut appelé « un prophète du XXe siècle » de son vivant. Pasteur d'une église à Chicago durant 31 années, il était aussi éditeur et rédigea une trentaine de livres abondamment traduits dans le monde protestant.

Le texte de TOZER présenté sur le blog :

> La seule réforme nécessaire
>
> On peut apprendre beaucoup sur les gens en regardant simplement les personnes et les choses qu'ils imitent. Les faibles, par exemple, imitent toujours les forts ; jamais l'inverse. Les pauvres imitent les riches. Les timides et les peureux imitent toujours ceux qui ont de l'assurance. Ce qui est vrai est imité par la contrefaçon, et les gens ont tendance tous à imiter ce qu'ils admirent.
>
> Selon cette définition, la puissance aujourd'hui réside avec le monde, pas avec l'église, car c'est le monde qui prend l'initiative et l'église qui imite ce que le monde a initié. Selon cette définition l'église admire le monde. L'église est incertaine et regarde au monde pour être rassurée. Une église faible

singe un monde fort sous les regards moqueurs de pécheurs intelligents, et pour sa plus grande honte éternelle. [...]

Cette imitation servile du monde est pratiquée majoritairement par les églises qui prétendent posséder le plus haut degré de spiritualité et qui déclarent audacieusement leur fidélité à la lettre de la Parole. [...] Ce n'est pas la Parole de Dieu, mais les magazines et le commentateur radio qui régissent et orchestrent nos prédications. C'est toujours le monde qui fait le premier pas, et l'église suit gentiment derrière, essayant pitoyablement de ressembler à son modèle. [...]

Quel est le remède? Il est très simple. Un retour radical au christianisme du Nouveau Testament tant dans la lettre que dans la pratique. Répudier le monde de façon virulente, et prendre humblement la croix. Un tel retour à grande échelle signifiera une réforme d'une vaste importance. Certains qui sont élevés aujourd'hui devront être abaissés, et beaucoup d'humbles seront exaltés. **Cela voudra dire une révolution morale.** Combien sont prêts à payer le prix?

🍂

Akklésia — À propos du mimétisme et du désir mimétique, le sujet est largement connu avec les écrits de RENÉ GIRARD, notamment son *Celui par qui le scandale arrive.*

Bref... ce qui est plutôt à relever ici, c'est la question posée par TOZER: « Quel est le remède? » Puis, la surprenante réponse qu'il fait: « [...] un retour radical au christianisme du NT [...] Cela voudra dire une révolution morale. »

Surprenant! Tout d'abord, sa lecture du NT est fautive, car l'évangile est précisément un message contre la morale puisqu'il s'élève au-dessus de la tôrah; en effet, le NT prétend justifier injustement, sans la loi et contre elle, et contre toutes les morales d'ailleurs, car le NT justifie l'homme par la seule volonté divine. Dieu justifie l'homme sans nos mérites et sans nos morales!

Mais le plus surprenant donc, c'est qu'après son discours sur le mimétisme, Tozer tombe et fait tomber son auditeur dans le piège qu'il vient pourtant de condamner. Pourquoi? Parce qu'**il imite précisément ceux qu'il critique, c'est-à-dire le monde présent!** — oups.

En effet, le Remède du monde a toujours été celui de la Morale! C'est-à-dire celui de la Loi, mais non le remède de l'Évangile. C'est en vérité le « contre la Loi » du NT qui est le prix de la croix, le vrai prix de l'évangile, non cette fausse humilité morale encensée par Tozer. Soit donc, le prix de la morale n'est pas celui de la croix, mais seulement celui de Moïse – pour parler gentiment. De fait, en mêlant le Christ et Moïse, le prédicateur américain réitère la subversion de l'Évangile. Pauvre Tozer qui mélange tout finalement!

1er intervenant • Un peu de lecture Akklésia? Juste pour te dire que tu te trompes sur le personnage. Amicalement.

2e intervenant • Akklésia, que faites-vous de la mort substitutive du Messie, annoncée dans Esaïe 53? Le NT ne prétend pas « justifier injustement » comme vous l'affirmez; au contraire, il confirme que Jésus a pleinement satisfait la Justice de Dieu par sa mort substitutive. Il apparaît que c'est vous qui n'avez pas compris le message du NT.

3ᵉ intervenant • Mmmm, Akklésia... À part qu'il me semble difficile de vous comprendre, vous semblez dire que l'Évangile n'est pas une morale... Me trompe-je ?

Et l'Évangile, c'est quoi donc dans les faits : la capacité de marcher comme Jésus l'a fait, c'est-à-dire d'accomplir parfaitement la Loi (Mt 5:17)... ou plutôt la capacité d'accomplir par grâce, par la foi et dans l'obéissance volontaire, « la loi parfaite » de Dieu... puisque la Loi de Moïse n'est que l'ombre de ce qui est parfait.

De fait il s'agit donc bien d'une morale pratique : le résultat concret des fruits de l'Esprit qui ne contredisent pas la loi... Gal 5:22-23

4ᵉ intervenant • Akklésia, je ne suis pas sûr que tu aies bien compris Tozer. Car il n'appelle pas à pratiquer une morale, mais à « Un retour radical au christianisme du Nouveau Testament tant dans la lettre que dans la pratique ». C'est en marchant sur ces anciens sentiers, qu'une révolution morale pourra se faire jour. Cependant, elle ne sera que la conséquence de ce retour. Il ne s'agira donc pas d'un outil de transformation, mais juste d'un témoignage de l'Œuvre Divine. Ce n'est pas la même chose !

Akklésia — J'aimerais pouvoir répondre à ces différents commentateurs (pas moins de quatre) sans être trop prolixe ; je vais m'y efforcer. Cependant, tout en ne désirant pas faire de ce blog une tribune, le sujet est délicat, difficile et ne mérite pas d'être négligé en le simplifiant à l'excès, ainsi que le disait Luther : « Que personne ne pense que la doctrine de la foi soit facile. Elle est, sans doute, facile à dire, mais très difficile à comprendre. Il est facile, en outre, de l'obscurcir et de la perdre. »

Je ne porte rien à l'encontre de la personne même de Tozer, mais je critique sans concessions son remède dont témoigne le texte mis sur cette page : « Une révolution morale ».

Pourquoi la condamnation de Jésus fut-elle celle d'un innocent ? Parce que Jésus a obéi à la Loi ? Cette réponse est intolérable ! À moins, bien sûr, de prétendre qu'il n'est pas ce qu'il prétendit être mais un simple prophète : en ce cas, c'est faire de lui un Moïse évangélique ou encore un Mohamed évangélique, ce qui plaît, je vous l'accorde, au projet qu'ont certains d'unifier les « monothéismes ».

Mais tel n'est pas Jésus-Christ. Ainsi est-il intolérable d'affirmer qu'il obéit, que dieu obéit. De même est-il intolérable d'affirmer que l'œuvre de son Esprit en nous consiste à nous rendre obéissants envers la Loi. Car tous ceux qui s'attachent à obéir à la Loi sont sous la malédiction (Gal 3).

Si la Loi est bonne et sainte, c'est parce qu'elle révèle le péché. Sans elle, le péché est mort (Rom 7). Aussi est-elle indispensable tant que ciel et terre subsistent. De fait, elle est Servante et Gardienne, c'est pourquoi elle fut donnée par les anges, eux-mêmes servants et gardiens, mais non pas fils.

Servante en ce qu'elle sert à nous condamner, c'est-à-dire à nous révéler que notre choix, alors que nous plaçons l'arbre du bien et du mal au centre de nos âmes, au centre de l'Éden, que ce choix nous conduit dans un cercle vicieux infernal d'où nous ne pouvons sortir : il nous faut payer le moindre centime. **Le péché n'est pas la désobéissance.** Il consiste à définir la Vie comme devant obéir aux lois des dualités du bien et du mal (c'est le témoignage de GEN 3), le péché consiste à définir notre vie comme n'étant faite finalement que « de chair et de sang », biologique, animale. C'est alors tétaniser cette Vie donnée par dieu, c'est en abolir la couronne de la liberté à laquelle dieu lui-même nous destine, lui qui veut faire de nous des fils, non des anges obéissants et continuellement dans la crainte — ces bêtes sacrées nous disent les juifs.

Et Gardienne car la Loi nous met en attente alors qu'elle promet une Sortie de ce déterminisme machiavélique sous lequel elle nous place. C'est une Sortie de la Nature : c'est le Royaume des Cieux. Je rappelle que ce déterminisme des lois nous est imposé avec notre approbation, nous, hommes religieux, tant effrayés par notre liberté et plus encore par la liberté divine. Nous qui désirons de manière charnelle des dieux qui obéissent aux lois, des dieux assoiffés de révolutions morales, ajoutant à la faute la condamnation, ajoutant au crime moral la violence du bourreau. La Loi est incapable de faire quelque chose de nous au-delà de l'Animal intelligent et obéissant. La loi ne peut aller au-delà, elle ne connaît pas le Fils de l'homme.

Ainsi, la Loi, par les prophètes, annonce en même temps le brisement du joug même de la Loi : la fin de son alliance. Ses prophètes ont annoncé le Christ qui est **la réalisation de la Promesse**, ils ont annoncé qu'un jour sera donc accomplie la Promesse tandis que la loi servait de simple précepteur à cette promesse jusqu'à sa réalisation. Pour les fils de la promesse, la Loi n'a plus d'autorité spirituelle ! Ce jour qui vient, pour l'homme de Foi désormais, c'est le jour de la résurrection où « Rien ne vous sera impossible ». En ce jour, ont annoncé les prophètes, le temple sera détruit, il n'y aura plus d'églises et l'homme seul sera un temple de dieu.

Ainsi, la Loi se tient dans cette attente de la Révélation, de ce qui vient dans l'intimité de chaque-un. La loi garde ceux qui n'ont pas encore pleinement reçu cette intimité. Elle garde sous sa force les enfants à la mamelle que Dieu appelle à rompre un jour le joug de la tôrah. Et elle garde de plus tout homme ici-bas, afin que l'homme ne retourne pas à son animalité, afin d'ordonner le monde pour éviter qu'il retourne au chaos et à la barbarie. Ainsi brûle-t-elle l'homme avec son épée flamboyante, c'est-à-dire avec sa culpabilité. Elle nous place sans cesse devant le tribunal de nos consciences. Elle nous écrase, nous fatigue, nous met en échec, jusqu'à ce que nous en appelions à Dieu lui-même. À ce dieu souverain qui nous aime librement, au-dessus de la Loi. À ce dieu souverain qui nous pardonne tout, qui pardonne en récusant le jugement même de la loi : en récusant la morale. À ce dieu souverain qui nous pardonne injustement, brûlant et humiliant l'acte d'accusation de la Loi. À ce dieu souverain qui accuse donc le Tribunal même de la Loi, **sans rien payer à ses juges** en retour.

Dieu ne doit rien. Il n'a rien payé aux procureurs de la Loi : il n'a rien payé à la loi ! Quand le texte biblique enseigne que *le Christ a pleinement satisfait la Justice de Dieu*, il ne s'agit pas de la justice de la Loi que le Christ a satisfaite, laquelle conduit à la malédiction, mais il s'agit de la justice de Dieu **contre** la loi. Il s'agit de la justice du Royaume des cieux, une justice arbitraire, car tel est l'amour : afin que l'amour « ne dépende ni de celui qui veut, ni de celui qui court » après la morale, mais d'un acte immérité et arbitraire de Dieu. Soit donc, si la justice de la loi est sainte c'est parce ce qu'elle **a l'intention** de réaliser la promesse, c'est-à-dire de faire entrer l'homme dans le Royaume des cieux... mais elle lui ferme cependant la porte. Pourquoi ? À cause de notre impuissance charnelle : parce que nous sommes nés de la terre et non de l'Esprit. Il faut donc une justice supérieure qui puisse dépasser les menaces et les punitions de la Loi, quitte à scandaliser la Loi — comme le fit le Christ.

Comment Dieu fait-il cela ? En se sacrifiant lui-même. Quelle humilité ! Il se place « sous » le jugement injuste que constitue ce tribunal des lois que les hommes servent — hélas. Pourtant, le Christ ressuscite. C'est ainsi qu'il condamne ces lois que nous estimions justes, elles qui maudissent l'homme jour et nuit. Elles qui ne supportent pas que le Christ s'impose comme maître de la loi, c'est-à-dire au-dessus de la Loi. Enfin, il met à mort leur verdict de mort. À qui veut être oint de Son action, il offre gratuitement cette grâce : par la foi Seule.

Que ceux donc qui veulent faire une révolution morale servent les lois. Ils seront utiles pour le monde présent, une utilité intellectuelle et sociale et plus ou moins spirituelle donc. Mais qu'ils ne prétendent pas que la Loi est le remède du Christ quand celle-ci n'est que son ombre — c'est-à-dire une armée qui le précède, organisée, menaçante, tandis que dieu vient en murmurant, caché, dans la foi, dans le sacrifice. Il vient dans la résurrection, dans un autre monde, non dans les révolutions morales de ce monde présent. Celui-ci, avec ses morales et avec sa tôrah, ne doit pas subsister. Seront alors écrasées toutes ces « saintes » morales religieuses, ainsi que ses sœurs, les brillants systèmes intelligents, politiques et technologiques.

Pour moi, je persévère dans la folie de la foi, témoignant, tendant et espérant que Dieu conduise les siens dans le monde-à-venir, sachant que : « L'Évangile est au ciel et la loi sur terre, de telle sorte que l'on appelle céleste et divine la justice de l'Évangile, terrestre et humaine celle de la loi. » (LUTHER)

Il y a bien une justice du royaume des cieux, mais elle est inconcevable à l'intelligence, outrageante à toute morale et à la tôrah. Elle jugera les anges. Elle s'appelle « l'Infini des possibles » (KIERKEGAARD).

2ᵉ intervenant • Akklésia, au lieu de répondre à nos objections, vous continuez de vous opposer à l'Esprit : « Mais tel n'est pas Jésus-Christ. Ainsi est-il intolérable d'affirmer qu'il obéit, que dieu obéit. De même est-il intolérable d'affirmer que l'œuvre de son Esprit en nous consiste à nous rendre obéissants envers la Loi. »

Personne n'a parlé d'obéissance « envers la Loi », nous parlons d'obéissance à Dieu. La Bible dit que « Il (Jésus) s'est rendu obéissant jusqu'à la mort, même jusqu'à la mort de la croix » (PH 2[8]). Et dans HÉBREUX 10[7] : « Alors j'ai dit : Voici, je viens... pour faire ô Dieu, ta volonté ».

ROMAINS 8 explique que nous recevons l'Esprit à la conversion pour nous rendre capable d'obéir à Dieu. Je n'ai pas dépassé votre 1ᵉʳ paragraphe, au lieu de vouloir enseigner les autres, allez vous-même dans une église pour recevoir l'enseignement biblique avec humilité.

5ᵉ intervenant • Quelque chose me dérange non pas dans tes mots, Akklésia, mais dans l'esprit gnostique qui est derrière. Je ne comprends pas où tu veux en venir, j'ai l'impression de jouer au football avec une savonnette dans un bain turc... En 2 mots, es-tu strictement évangélique et sommes-nous en communion oui ou non ?

6ᵉ intervenant • Akklésia, tu avances des idées mais pas une position de foi car nulle part tu parles de l'œuvre de l'Esprit Saint et ton vocabulaire concernant les saints anges du Seigneur, armée céleste du Père, est insupportable.

Tu offenses le Seigneur et injuries, insultes les gloires ! 2 PIERRE 2^{1-22}.

Je demande au Seigneur que ton cœur soit percuté par la grâce et purifié par le Sang de L'agneau qui a le pouvoir de circoncire ton cœur endurci. La foi n'est pas une science, ni une idée, ni une philosophie, mais elle est donnée, communiquée aux enfants du Père notre D.ieu à ceux qui ont reçu la révélation de sa personne et de la personne de son fils.

Médite la parole avec une personne qui a reçu l'effusion d'en haut, du Saint Esprit, alors tes yeux s'ouvriront et tu verras... Nous sommes actuellement dans une période de post modernisme qui révèle la confusion des cœurs, le refus de la vérité et l'individualisme exacerbé, centré sur le « Moi » fait dieu.

L'homme s'est débarrassé de toute responsabilité et de toutes règles pour gérer ses comportements livrés à ses sens et ses passions qui sont en train de le perdre. D.ieu heureusement tient toutes choses dans ses mains ! Il en est comme au temps de Noé MATTHIEU 24...

2ᵉ intervenant • Au vu de ses écrits, Akklésia fait partie des « sympathisants » du Christianisme, mais il rejette l'autorité des Écritures et la sanctification. Son autorité, c'est lui-même et son mode de vie. D'où son dégoût de tout ce qui touche à l'obéissance et à l'inspiration de la Bible. Cela le place en dehors de la famille chrétienne.

Akklésia — Il n'est pas exact de prétendre que je rejette l'inspiration de l'Écriture, je ne l'ai pas prétendu. Ce que je rejette c'est le fait d'affirmer que la Bible est un dictionnaire de réponses, c'est-à-dire un texte duquel on puisse tirer un Système définitif, une théologie arrêtée, indiscutable, et par laquelle on exclut untel ou untel sous l'injonction d'hérésie. Comme le dit KARL BARTH dans son commentaire aux ROMAINS «Dieu n'est pas une raison à côté d'autres raisons». Si telle est l'inspiration de la Bible, une raison, une logique, alors c'est une inspiration gnostique, fondée sur le savoir intellectuel, non sur la Foi. Or que dit la Bible à propos de la Foi sinon qu'elle conduit à naître de l'Esprit. Et l'Esprit est tel le vent. L'oreille l'entend, mais étant attachée à une logique elle veut transformer l'inspiration afin de posséder la divinité, afin de l'enclore dans sa pensée, afin de l'encadrer dans sa connaissance, dans son gnosticisme. Aussi, ne pouvant intellectualiser d'où vient ce vent et où il va, puisqu'il échappe à son espace géographique ordonné, voici que l'oreille soupçonne. L'Esprit échappe à tout concept théologico-gnostique, tel une savonnette, tel l'eau que ne peuvent retenir les filets d'une dualité logique.

Non plus que j'aie affirmé rejeter la sanctification, tu me prêtes un propos que je ne tiens pas. Cependant, là encore il faut dire que la sanctification ne consiste pas, selon moi, à s'adonner à une morale CONTRE une autre morale. Je pense qu'elle consiste à **naître à une façon de pensée qui n'est plus dictée par la raison** précisément, sans pour autant nier la logique, mais en la replaçant au rôle subalterne que Dieu lui octroie, à lui ôter donc la couronne de vie. L'arbre de vie s'acquiert par la foi ; et l'arbre des dualités logiques s'acquiert par l'intelligence. C'est ainsi que l'intellect, pour pallier son absence de foi, se formule de manière plus ou moins divinatoire ; ce peut être des mythes religieux ou scientifiques, mais aussi des systèmes technologiques se voulant d'anticiper l'avenir. Cette tentative permet à l'intelligence de ne pas perdre la face devant la foi. – Vivre par la foi ne consiste pas non plus à s'adonner à l'instinct animal, certes non ! Mais là aussi, il faut admettre que **la passion plaît à dieu** ; elle n'a simplement pas à nous diriger au risque de nous rendre addicts. Aussi, la dimension de penser selon la foi devient une humiliation pour la raison, car lors même qu'on ne peut prouver la foi, ni par la logique, ni par le miracle, on touche à **la liberté** de Dieu. La foi nous ouvre à cette perspective, celle d'une volonté qui n'a pas de limites. Ou, comme disait LUTHER : « Se cacher dans les ténèbres de la foi ». Car la raison ne trouvant pas de raison à notre foi, et l'instinct égoïste, lui aussi logique, n'y trouvant pas non plus d'intérêt pour son « moi », car la foi est portée vers le devenir, au-delà du présent – l'un et l'autre estiment donc que la foi vit dans les ténèbres. *A contrario*, dieu y voit la lumière d'un monde en devenir, et qui vient, là où les possibles seront infinis.

Concernant la communion, je te répondrai par une simple réflexion que voici.

La tradition rabbinique a calculé le milieu exact de leur tôrah. Le total des mots étant pair, le milieu est vide, et les 2 mots qui entourent ce vide dans LEV 10[16] sont, en hébreu : « Darosh (milieu) Darash », que les rabbins traduisent par :

« **Interprète, tu interpréteras** ». Les pharisiens qui, contrairement aux saducéens, croyaient en une loi orale, pensaient qu'il fallait sans cesse questionner le texte et l'interpréter. Il faut plonger dans le vide du texte où se trouve sa vraie inspiration ! Or, Jésus leur reproche précisément d'avoir cessé cette **dynamique**, d'avoir construit un système théologique clos, c'est-à-dire de se donner des prophètes afin que nul ne puisse alors avoir le droit d'interpréter, de mettre en question leur système de connaissance théologique.

À force de servir un système clos où *Dieu est une raison à côté d'autres raisons*, une morale à côté d'autres morales, l'homme est mis à l'épreuve et en échec. Il est conduit dès lors à contester enfin les évidences. En effet, celles-ci sont devenues bien pauvres pour expliquer le paradoxe de Dieu. Et lorsque deux frères vivant entre le darosh et le darash (pour reprendre l'image) se rencontrent, ils ne s'interrogent pas sur l'étiquette religieuse **qu'ils n'ont plus**. Ils interprètent ensemble, questionnent le texte joyeusement. Et sur ce chemin où l'amour pour le dieu vivant, le Christ, leur permet de découvrir Celui qu'ils aiment, ils espèrent, par cet échange, être enrichis l'un par l'autre.

Jacques Ellul, dans son livre *L'Espérance oubliée* parle du soupçon comme un des éléments majeurs des rapports que l'individu entretient avec son prochain... Sache donc qu'il existe encore des chrétiens qui lisent Ellul, Barth, Kierkegaard, et qui ne trouvent pas dans la théologie anglo-saxonne le murmure de Jésus-Christ, mais bien trop de menaces, avec ces tonnerres de la morale qui faisaient déjà trembler le mont Sinaï. Leur communion et leur amour pour le Christ est là, dans ce rejet des menaces et des révolutionnaires moraux et moralisateurs. Certes, ils sont rares, et de plus, sans cesse en butte au soupçon et à devoir se justifier. Maintenant je te comprends, tu es fortement imprégné de la théologie anglo-saxonne que tu aimes, aussi, lorsque tu entends Ellul ou Barth, tu as du mal à reconnaître le Christ. J'ai beaucoup lu les auteurs anglo-saxons et beaucoup écoutés (il y a fort longtemps... dans leurs temples), aussi, je te comprends largement et je ne te renverrai aucun soupçon. Je suis certain que ta foi au Fils de Dieu est sincère et qu'elle fait de toi un fils d'homme... à ton rythme.

Bref, tout cela nous a éloignés de « la révolution morale » de Tozer, des éclairs et des tremblements que sont les morales théologiques de ces héros religieux venus du Nord !

4ᵉ intervenant • Il me semble qu'il faudrait éviter les stigmatisations trop rapides concernant la pensée d'Akklésia, car ça soulève de vraies questions. Je suis allé faire un tour sur les sites auxquels on peut accéder à partir de son logo et j'y retrouve le principe de « l'akklésia » (c'est à dire la « non-église » du japonais Kanzo Uchimura) à laquelle il a déjà été fait allusion sur ce blog. C'est une conception de la vie chrétienne qui me semble fortement influencée par la pensée orientale du négatif érigé en système (« non-violence » ; « non-haine » ; « non-église » ; « non-loi » ; etc...)

À mon avis, c'est une mauvaise façon de poser un vrai problème, qui est celui de la place de l'Institution (« église-système » ou loi morale) dans la vision Biblique. Encore un courant de pensée qui analyse assez justement les problèmes de l'église actuelle, mais en fournissant des solutions qui ne sont pas exemptes de recettes charnelles et qui n'apporteront donc pas une véritable dynamique de Vie par l'Esprit.

Akklésia — S'il est une pensée que je trouve plus dangereuse que tout, c'est bien celle venant de l'Orient (l'Islam est un gosse à côté). D'ailleurs, la réincarnation a déjà, hélas, conquis la théologie rabbinique (depuis plusieurs siècles) et elle sera bientôt conquérante du monde évangélique où elle a fait de larges brèches : Ceci est un grand malheur. Le dogme des réincarnations est selon moi l'incarnation de la tiédeur — tiédeur dont tu sais tout autant que moi l'aversion que le Christ lui porte, à tel point qu'il préfère les froids aux tièdes !

Pour ce qui est d'UCHIMURA, j'ai l'impression que tu n'es pas allé jusqu'au bout du texte.

Je peux comprendre ton affection pour la théologie de l'Église telle que l'Église l'enseigne justement (c'est le propos principal d'*Akklésia*).

Mais pour ce qui est de la violence et de la haine, je ne peux douter que tu sois comme moi, témoignant contre la violence et la haine !

Pour ce qui est de la Loi, c'est le grand sujet qui remonte depuis AUGUSTIN et PÉLAGE, en passant par LUTHER et ÉRASME. Là non plus, rien d'oriental ici. C'est d'ailleurs le sujet sur lequel nous avons basculé à propos de « la Révolution morale » que j'oppose à la révolution de la Foi Seule. Bien à toi !

7e et dernier intervenant • Je ne souhaitais pas forcément intervenir mais vu que c'est moi qui ai passé ce texte de

TOZER je vais quand même le faire. [...] Mais là où c'est problématique c'est lorsqu'on en arrive à rabaisser l'auteur du texte pour « finir par faire l'apologie des auteurs qu'on préfère ». C'est comme si on faisait de la publicité comparative mais de très mauvaise facture. Et voilà que l'on s'éloigne du texte pour entrer dans des discussions du genre moi je suis plutôt de Paul, et moi oh! plutôt d'Appolos. Et ainsi TOZER est ringard, ELLUL et BARTH c'est le must!... voilà où nous en sommes arrivés et puis il était évident qu'on en arrive là ce n'est pas la première fois.

Il y aura toujours des gens frustrés qu'on ne passe pas leur auteurs préférés mais mis à part que ce blog n'est pas un jukebox, il est clair qu'on ne pourra jamais satisfaire tout le monde à moins de ne plus rien passer du tout au moins tout sera nivelé au niveau des frustrations. [...]

Je trouve toujours étonnant que des chrétiens qui se considèrent spirituels en arrivent à mépriser des serviteurs de Dieu du passé sous prétexte que eux voient mieux et comprennent bien mieux. [...] Quand TOZER parle de « morale » je fais l'effort de saisir ce qu'il veut dire en faisant une conversion rapide dans ma tête sans lui traquer la petite bête en lui plaquant au passage la supériorité de ma spiritualité qui au passage est certainement la conséquence du travail de ces hommes de Dieu qui ont de leur temps tracé des autoroutes où d'autres ont pu marcher pour être conduits plus loin par le même esprit de Dieu. [...]

Vous dites que vous ne croyez pas qu'on puisse tirer de la bible un « système définitif » hé bien moi je vais vous dire que je vais plus loin que vous : je ne crois pas du tout qu'on puisse tirer de la bible un système quel qu'il soit surtout pas

un système anti système qui est par nature un autre système.
Vous dites que vous ne croyez pas qu'on puisse tirer de la bible une théologie arrêtée ; hé bien moi je vais aller plus loin que vous car je ne crois pas un seul instant que la volonté de Dieu soit qu'on tire de la bible une théologie quelle qu'elle soit. Ce n'est pas dans ce but que Dieu a donné sa parole [...] Et viendra le temps où Dieu va venir prendre la mesure de son action en nous et certainement pas la façon dont nous aurons mesuré théologiquement la trajectoire du vent ni calculé méthodiquement son poids lorsqu'il percute un arbre millénaire enraciné dans la terre.

Alors je me doute bien qu'il n'y a pas que Tozer à lire mais il y a aussi certainement Tozer et proposer d'autres auteurs ne doit certainement pas se faire en tentant de minimiser la présence du même esprit de Dieu dans ses écrits quand bien même Dieu ne lui a pas tout livré de la vérité qui est je le rappelle une personne dont la parole est vivante et permanente.

Akklésia — Vous dites ne pas croire un seul instant qu'il soit la volonté de Dieu qu'on tire de la bible un système quel qu'il soit. Ainsi avons-nous un point d'accord remarquable dont il faut se féliciter. J'aimerais vous rappeler que je n'ai rien « contre » Tozer, pas plus que j'ai quelque chose « pour » Luther ou Ellul. Je ne défends pas un auteur « contre » un autre. L'échange portait uniquement sur cette remarque de Tozer qui affirme que le remède serait de faire une « Révolution morale ». Je suppose que d'autres passages de Tozer sont probablement remarquables, de même que je connais certains passages de Luther qui sont exécrables. Je citais son commentaire aux Galates parce qu'il est approprié à la remarque de Tozer, c'est tout.

Rien ne nous intéresse que le Christ et d'entendre ce qu'il dit, et je vois que c'est aussi votre cas. Or, je ne relève **nulle part** que la Révolution morale fût aux propos du Christ concernant Sa bonne nouvelle. De plus, je ne vois pas dans ce terme une notion ésotérique ou philosophique qui supposerait une grande subtilité pour la comprendre. Nous sommes bien dans ce vieux conflit où Luther déjà parlait de la lettre de Jacques comme d'« une épître de paille ». Conflit qui n'a rien de dépassé car il s'inscrit dès le départ du christianisme, la lettre aux Galates, entre autres, en témoigne dès l'origine.

Je note aussi votre remarque lorsque vous dites que « depuis (Luther) Dieu a mené son peuple plus loin ». Il y a là, me semble-t-il un réel problème. On voudrait **assimiler la Révélation au mythe du Progrès**. Je ne crois pas que le Christ soit perfectible ! Paul lui-même n'est pas un perfectionnement du Christ, mais, bien que 1000 fois plus éclairé que nous tous, il est des millions de fois en deçà du Christ. De plus, si vous lisez Ellul qui décéda vers les années 90, ou Barth qui décéda en 68, vous remarquerez que leur modernisme est frappant. Le premier a été un visionnaire quant à la sociologie et le second a anticipé le totalitarisme allemand... et pourtant, tous deux, d'un point de vue théologique ont puisé dans les anciens sentiers, reconnaissant que la Révélation, au contraire de suivre une ligne d'Évolution, suit une ligne d'Involution. C'est ainsi que l'Apocalypse raisonne aussi dans sa description des Églises au cours de l'Histoire qui se fait. Suivre « les anciens sentiers », comme le disait Jérémie (c. 6), est probablement la meilleure manière de retrouver la fraîcheur de la révélation dont le Christ est l'essence.

Enfin, vous citez un autre texte de TOZER qui confirme finalement mes premières suppositions. TOZER affirme, dites-vous, que « les chrétiens du passé avaient un niveau de sainteté supérieur aux modernes bien que leur connaissance des vérités prophétiques était inférieure aux nôtres ». Je trouve cette remarque doublement trompeuse! D'une part, la sainteté morale **n'a rien à voir** dans la valeur d'un chrétien, **c'est l'Amour et la Foi** qu'on a pour le Christ qui sont déterminants! — Au contraire, la sainteté morale conduit précisément à élaborer des connaissances théologiques qu'on dit prophétiques. C'est par ce puritanisme malsain qu'on s'écarte de la folie de la Révélation.

De plus, la Foi et l'Amour qu'avaient les anciens pour le Christ étaient, non pas une ignorance, mais bien au contraire une capacité à renverser les raisonnements et à juger de tout. Paul, Marc ou Étienne… avaient une connaissance concrète et subtile de l'adversité intellectuelle que formaient les corpus théologiques et gnostiques de leur époque — et ils étaient légion. Mais enfin, la Révélation n'est pas une ignorance naïve et béate d'un homme planant dans une extase magique, elle est précisément le fait de **renverser** les raisons et les raisonnements parce qu'ils s'élèvent contre ce que Dieu dit. À savoir : Que le bien et le mal, que la morale, que les lumières des sciences… ne peuvent nous donner accès à Lui et nous en barrent la route avec sévérité. La Vie est fondée sur la foi. C'est-à-dire que Dieu marche continuellement sur l'eau. Il affirme que telle chose est Bien, non parce que c'est Bien. Mais c'est parce que Dieu le veut que telle chose devient Bien.

Au 2ᵉ intervenant : Je ne refuse pas la discussion à propos de vos remarques concernant Esaïe, Ezéchiel ou Jacques, mais il me semble qu'une telle discussion devrait faire l'objet d'un billet dédié. De plus, j'entends bien votre invitation à me rendre dans une église pour être éclairé, conseil que j'ai suivi puisque je les ai fréquentées 15 années. Aussi, je vous invite à suivre aussi le mien, qui serait par exemple de lire le commentaire aux Galates de Luther ou celui aux Romains de Barth ou encore « La subversion du christianisme » d'Ellul. Si vous avez toujours évité un tel vis-à-vis, je ne doute pas que notre discussion tourne en rond. Cependant, n'oubliez pas que le vis-à-vis est d'une **aide considérable**. C'est ainsi que la différence fait croître. C'est ainsi que Dieu donna à l'homme une épouse comme « aide en vis-à-vis » littéralement. Éviter la différence, c'est précisément basculer vers la similitude, vers un concept de foule où l'un est le même que l'autre. « La foule, c'est le mensonge » disait Kierkegaard, justement parce qu'elle réduit l'espace entre les hommes et leur évite ce vis-à-vis des controverses d'où jaillit la source de vie.

Je vous le demande : qu'est-ce qu'un philistin ? C'est un homme qui remplit les puits du patriarche. Or, que signifie remplir les puits ? C'est le fait de banaliser la recherche de la vérité, de la banaliser en faisant de son dévoilement un enseignement qu'on inocule dans la banalité scolaire plutôt qu'un questionnement dans une rencontre exaltante des différences !

Le tétragramme
La traduction de YHWH (יהוה)
— Sur un forum généraliste

EXTRAIT DU TEXTE DE BASE présenté sur le forum :

Devant la traduction erronée du tétragramme YHWH par «JEHOVAH», il faut rappeler que les lettres J et U ont été inventées vers 1270 pour résoudre le problème de mots tels que «SERVUS» et «JUVENIS», lesquels s'écrivaient en latin ancien SERVVS et IVVENIS. De plus, la lettre «J» n'existe ni en grec, ni en hébreu.

En outre, tous les commentaires et encyclopédies reconnaissent que «Jéhovah» est une construction inexacte du tétragramme. La *Jewish Encyclopedia* affirme par exemple que «cette prononciation est grammaticalement impossible, que la forme "Jéhovah" est une impossibilité philologique.»

Il est certain que le tétragramme est le nom de Dieu le plus répandu dans l'AT (plus de 6000 fois). Cependant Dieu y est aussi mentionné sous bien d'autres noms tels que : Elohim, Adonaï, El, Eloah, Shaddaï, etc.

De plus, il n'existe aucune preuve que le tétragramme était utilisé ou reproduit dans le texte du NT. Aucune version grecque (y compris celles des TJ) ne contient le tétragramme. Dans le Nouveau Testament, Jésus appelle Dieu «Père», introduisant **une nouvelle dimension**

```
dans la relation avec Dieu. Dieu n'est
plus lointain et redoutable, mais proche et
plein d'amour. Jésus n'a jamais utilisé le
tétragramme, même lors de sa mort (Matt 27⁴⁶).
Lorsqu'il déclare : « Je leur ai fait connaître
ton nom » (Jn 17²⁶), il ne peut être question du
tétragramme que tout Juif connaissait, mais
bien de « Père » (1 Jn 2¹³). Soulignons que le NT
contient 260 fois le nom de « Père » et jamais
le terme Jéhovah ou Yavhé. Ce qui montre que
Dieu veut être connu sous le nom de Père.
```

Akklésia — S'interroger sur la traduction du tétragramme YHWH est en vérité poser une mauvaise question ; pour ne pas dire une question stupide, c'est-à-dire religieuse. Car la question ne fait que s'embourber davantage à force de la creuser.

La question qu'il faut se poser serait plutôt la suivante : « **Dieu a-t-il un nom ?** » Car c'est bien par là que commence l'histoire de ce fameux tétragramme ! En effet, Moïse questionne Dieu ainsi, anticipant sur ce que **la foule** voudra savoir : « S'ils me demandent quel est ton nom, que leur répondrai-je ? » (Ex 3¹³).

La question du nom de Dieu est donc une question du **collectif**, non de l'Individu. Or, un collectif n'est jamais issu d'un Dieu personnel, uniquement d'un système impersonnel.

Pour que naisse un homme de ce système – une personne – c'est-à-dire un fils, il faut qu'il trouve un Dieu personnel ailleurs, **hors des limites** que lui impose le collectif. Il faut que ce fils brise les cadres des généralités qui l'enserrent, qu'il en sorte, qu'il meure à toutes les communautés. C'est ainsi que sa relation avec son prochain devient infiniment plus riche ; dès l'instant où l'autre est précisément animé de **la même liberté** que lui, dès lors qu'il est un frère. Mais en ce cas, cet homme libre vivra toujours dans une sorte d'incognito, sacrifiant la manifestation de sa liberté au risque d'être une pierre d'achoppement pour les êtres grégaires dont la vie dépend encore d'une collectivité. Il risque donc continuellement le reniement ouvert du plus grand nombre.

De fait, un tel être refuse qu'il y ait des Grecs, ou des Juifs, ou des Hommes, ou des Femmes, etc. Il refuse toutes ces formes de vie impliquant une généralité, affirmant en cela que « Dieu n'existe que pour l'individu » (KIERKEGAARD).

C'est pourquoi un Dieu personnel est d'autant plus absent lorsqu'une foule veut qu'Il existe pour elle. Il fuit dès l'instant où la masse veut qu'il devienne sa tête. De même, plus une collectivité revendique un Dieu dont le but serait de la faire exister en tant que corps, plus elle dit que ce Dieu est impersonnel. Avec le temps, ce corps deviendra inévitablement hypocrite. Pourquoi ? Car voyant l'impasse où il se trouve, il affirmera que chaque membre conserve cependant une identité propre, arguant par exemple que le pouce peut avoir sa propre existence par rapport à un index. C'est ainsi qu'**il ment !** En effet, le pouce et l'index ne sont pas sans le corps ; ils n'ont pas la vie en eux de manière autonome ; c'est le collectif impersonnel qui leur assure la vie, et s'en détacher les condamnerait à mort. En somme, la chose est fort simple : **c'est le collectif qui est Dieu !**

L'idée d'un système impersonnel est précisément ce que l'on retrouve dans le vocable « **elohim** », *lui-les-dieux* comme le traduit Fabre d'Olivet ; c'est-à-dire la Nature, avec ses lois et ses nécessités face auxquelles la race humaine doit se soumettre partout et toujours. Et l'homme qui n'accepte pas d'alliance avec ces dominations sera mis à mort au plus vite.

Or, dans le passage d'Exode et suite à la question de Moïse, il s'avère que la réponse divine est précisément : « Je n'ai pas de nom ». C'est-à-dire « Je ne m'appelle pas Elohim ». Comprenons par là que Dieu n'est pas cette organisation du Créé, celle-ci n'est que son ombre. Mais ce « **je n'ai pas de nom** » a été transformé dans les forges ésotériques et religieuses pour sculpter un nom à Dieu ; un nom qu'il n'a pas. Car il est bien connu que celui qui détiendrait le soi-disant Nom divin détiendrait Dieu ; il détiendrait son identité, soit donc Sa puissance : quel enjeu extraordinaire pour le religieux !

Enfin, il s'avère qu'en formulant Dieu par un Nom unique et immuable, on s'enferme soi-même dans le statut de *créature*, dans un statut où l'être vivant est dépourvu d'un nom propre, pour d'abord appartenir à l'identité de sa race. C'est un statut où l'appartenance au Nom collectif bride et soumet, avec plus ou moins de tolérance, le sens existentiel de chacun. L'homme est ici dans un faux sens existentiel ; il est dans un leurre de sa personnalité, laquelle devra continuellement se limiter et mourir au nom de l'identité collective ! Nous ne sommes pas ici dans un rapport où un *Père* libère la vie individuelle de son *Fils*, mais dans un rapport *système Créateur & Créatures*. Nous sommes là avec des créatures qu'il faudra absolument **lier** en masse au système généraliste — afin d'augmenter sa force ! En cas contraire le système se dissiperait comme une simple vapeur fantomatique. On a ainsi **sculpté une idole** en forme typographique, en forme de 4 lettres, comme les 4 points cardinaux de la puissante Nature qui maintient ses créatures sous sa dépendance.

Mais pourquoi le nouveau statut de fils individuel appelle-t-il Dieu « Père » ? Parce qu'un fils ne connaît jamais son père par un nom propre, sinon il n'est pas son père. Il connaît son père à sa voix, à ce qu'il EST, parce ce que le fils, lui aussi, Est tel le père. Il est libre d'être ce qu'il veut être, n'ayant pas une identité gravée dans le marbre, une identité administrative en somme, et qui l'empêcherait d'être autrement, lui imposant d'être ce nom à jamais et **personne d'autre** !

Ainsi, tous ces pseudo-judaïsants chrétiens font violence à Dieu en s'agenouillant devant l'idole du tétragramme. Ils veulent **posséder** Dieu et obtenir de son pouvoir en l'affublant d'une carte d'identité qu'il n'a pas. Que font-ils d'autre sinon affirmer qu'ils en sont encore à une dimension idolâtre de Dieu ? Ce sont des **idolâtres** ni plus ni moins. Pour briser l'idole, il faut briser le tétragramme, il faut accepter que son énigme se résoudra au fur et à mesure où précisément on ne la reconnaîtra plus comme telle. La recherche de cette énigme est elle-même le sortilège puisque ce nom n'existe pas ! Le tétragramme, en dévoilant ainsi sa lacune, ne sert en vérité qu'à évoquer le Père.

1er intervenant • Belle démonstration Akklésia ! D'ailleurs dans le judaïsme, dont je suis issu, il est interdit de prononcer le nom de Dieu. Mais les humains ont tellement besoin d'une idole que les juifs religieux ont tourné l'interdiction en disant « monseigneur », dans les prières. Ah là, là ! Nous sommes encore loin de la maturité.

2ᵉ intervenant • Le mot Elohim est simplement le pluriel de El (Dieu) ; on retrouve d'ailleurs ce mot utilisé dans la Bible pour parler des faux dieux. La traduction « lui les dieux » est donc abusive.

Vous nous donnez ici la version FABRE D'OLIVET qui prétendait être le seul à comprendre correctement l'hébreu. Il y a néanmoins un détail qui dément sa traduction, si le tétragramme veut dire « je n'ai pas de nom », il se retrouve néanmoins utilisé comme nom près de 7000 fois dans les écritures hébraïques ! Si Dieu n'a pas de nom, pourquoi n'est-ce pas une formule neutre comme El ou Elohim qui est utilisée systématiquement ?

« Détenir Dieu », « avoir Sa puissance » ???!!!! Voila bien des notions qui n'ont rien à voir avec la Bible ! On navigue ici en plein ésotérisme, le nom de Dieu n'est pas une formule magique qui change son utilisateur en le dotant de pouvoirs surnaturels !

En disant « le fils, lui aussi, est tel que le père est », vous ramenez Dieu au stade de père charnel, à une créature à qui nous pouvons nous comparer ! Mais si Dieu nous aime comme un père, si nous Lui devons la vie, nous ne pouvons en aucun cas devenir comme Lui !

Voyez-vous j'utilise le nom de Dieu ainsi que Père et je me sens proche de Lui mais jamais je ne me permettrais de me comparer à Lui. Il est le créateur tout puissant et les humains sont des créatures.

Vous dites : « Ils veulent posséder Dieu en l'affublant d'une carte d'identité qu'il n'a pas. » Je vous répondrai que « c'est de l'abondance du cœur que la bouche parle. » (LUC 6^{45}). Pour ma part l'idée même de posséder quelqu'un et à plus forte raison Dieu m'est totalement étrangère. J'ai même du mal à imaginer qu'on veuille posséder un humain alors Dieu...

Akklésia — Vos paroles démontrent combien vous êtes enclos dans le dogme ecclésial, et qu'il vous est à ce jour impossible de lire le texte biblique sans que l'Église ne vous tienne la main, vous mettant la baguette dans le dos pour vous recadrer.

1·

Merci cependant de confirmer que « le mot Elohim est le pluriel de El (Dieu) » ! De fait, je ne vois pas en quoi ce pluriel « elohim » serait abusivement traduit par « lui-les-dieux ». Vous êtes de **mauvaise foi**. Nous pourrions aussi dire « elle-les-déesses », ce qui ne serait pas mal non plus d'ailleurs. En effet, les sciences et les lois de la Nature sont telles des déesses dominant la réalité. Soit donc : **Elle** pour *la Nature*, et **les déesses** pour *ses connaissances et ses lois*.

En outre, c'est ce que ne cesse d'expliquer la tradition juive : « Elohim a la valeur numérique de *Nature*. Elohim c'est le Créateur, *le Maître de toutes les énergies créatrices* disait RACHI. C'est Dieu qui se révèle dans la Nature. » LÉON ASHKÉNAZI précise même de la manière suivante : « C'est Elohim qui désigne Dieu comme Créateur. Puis c'est un pluriel parce qu'il s'agit de l'unité de toutes les forces ou de toutes les manières d'être de la Force divine. Le mot de Elohim c'est l'ensemble de toutes les forces du divin qui sont autonomisées dans chacune des idolâtries, car chacune met en évidence une dimension de la divinité au détriment de toutes les autres : l'hypertrophie fait l'idole. »

C'est pourquoi la Nature est une matrice d'enfantement provisoire. Une matrice donnant des gènes charnels, mais incapable de donner l'esprit. *Mère-nature* est donc une mère-porteuse, car pour naître spirituellement il faut naître de manière virginale, sans l'héritage génétique de la nature. La matrice de notre nature terrestre nous fait donc violence pour nous pousser hors d'elle, **pour que nous mourions**, tels une graine. La Nature spirituelle à-venir ne reçoit ainsi rien de la Nature terrestre, sinon la mort. Elle reçoit une nouvelle nature par l'Esprit, même un nouveau corps lui est donné par l'Esprit, devenant dès lors corps spirituel et incorruptible. Le mot « Elohim », que le judaïsme traduit souvent par « les forces », représente dès lors une armée divine. C'est l'Armée des forces de la Nature, avec ses lois du bien et du mal, avec ses jugements sur les consciences, etc. Elohim est une justice terrestre rigoureuse, impitoyable. Elle est incapable de pardonner l'impardonnable. Tout le propos du NT étant de rechercher **une autre justice** : celle du Royaume des cieux.

La réponse faite à Moïse évoque dès lors le dépassement du Créateur, le dépassement de cette unité des lois et des forces de la Création. Cet Elohim-Créateur est l'ombre du Dieu vivant et caché, lequel Dieu veut déchirer ce voile et se révéler. Il use ainsi de ce voile dont il se sert et qu'il fait lui-même émaner, tant pour tromper les uns que pour se manifester aux autres, à ceux qu'il fait entrer dans cette lutte contre l'illusion du réel : la Loi est donc bonne en cela, car elle porte déjà en elle une puissance divine ! Mais elle n'est qu'une préfiguration ; et elle doit passer et s'écarter lorsque se révèle le vrai visage de Dieu. Le tétragramme évoque donc Dieu au-delà du bien et du mal, au-delà de la Loi ; un Dieu qui ne se capte plus par des noms et des concepts terrestres. Un Dieu qui n'est plus enclos selon les valeurs limitées du terrestre. Ainsi son nom doit-il refléter l'infinie possibilité de son Être ; c'est-à-dire qu'**il n'a pas un nom qui soit définitif**. Dieu est en train de dire à Moïse : « Je suis une personne et je suis sans fin. Ainsi ai-je toutes les identités possibles, et je ne m'enferme dans aucune pour l'éternité. Je suis et deviens ce que je serai. C'est pourquoi celui qui me connaît m'appelle Père, témoignant par là qu'il me connaît dans **la rencontre**, avec ses dynamismes et ses infinies **possibilités de changement**. » C'est ce qu'évoque le tétragramme.

Cette réponse renvoie donc l'homme à ce choix :

›› **Ou bien** il retourne à un nom générique de Dieu tel qu'Elohim ou encore Yhwh, Amon, Brahma, Gaïa, Allah... un nom universel, définitif, concevant Dieu comme Créateur tout-puissant seulement, et impliquant que l'homme soit, face à lui, seulement une Créature dans le créé, mais jamais un Fils qui puisse s'asseoir à sa droite. C'est-à-dire que l'homme, tel un cabillaud dans un banc de cabillauds, n'est ici que l'exemplaire d'une race terrestre, et de fait doit la soumission à la religion du banc de cabillauds. C'est-à-dire qu'il se doit aux lois générales, au système politico-moral, à cet universel venu du « dieu » et dont dépend toute sa race. Le général fait ici office de sacré, de *corpus du divin*, et quand il cherche un nom à son « dieu », ce n'est que dans une tentative de rendre personnel ce « dieu » qui est en réalité encore impersonnel. En effet, un tel « dieu » ne peut se rencontrer autrement que « **par et via** » un système général, un ensemble de lois, une nation, une religion, etc. De plus, il se refuse à quiconque n'accepte pas le sacré du système, à quiconque condamne le « **statut de corps divin** » dont se revêt la masse qui s'organise en religion ou en nation. En vérité, Dieu est ici caché derrière un voile ! Et ce qui porte le nom d'un dieu n'est que l'ombre de Dieu, c'est-à-dire son refus de se révéler ! Un tel système est vrai pour tous, partout et pour toujours et considère toujours le Tout plus grand que l'Individu. Si Dieu n'est pas ici dévoilé, c'est parce qu'Il n'est pas encore personnel ; parce que la personne ne prime pas encore sur la masse, parce que la théologie n'est pas encore essentiellement existentielle, akklésiastique, mais qu'elle est encore politique et ecclésiastique. L'individu qui se trouve dans le sein de sa race, de sa nation, de son église, et sur laquelle règne son dieu, sur laquelle il fait planer un nom générique qu'il s'invente, c'est un individu qui dépend totalement de ce média qui le porte. Il n'a pas « réellement » d'autonomie et de liberté parce qu'il est encore soumis au Tout, à genoux au pied d'un nom générique du dieu qu'il craint même de prononcer. Il n'a pas la liberté en vérité, mais il peut, par contre, sur cette route, prendre conscience de son manque. C'est en cela, et seulement en cela que la posture religieuse a du bon : quand elle va vers sa propre fin, quand elle pousse l'individu vers l'Esprit, vers l'enfantement, vers la sortie. Vers le Christ en somme : « J'appelle par leur nom mes brebis qui m'appartiennent, et je les conduis dehors. » (Jn 10^3). Au dehors de quoi ? Des bergeries, c'est-à-dire des systèmes universels, l'église y compris qui elle aussi se prétend système sacré et vérité universelle.

›› **Ou bien** donc, l'individu veut atteindre sa liberté et rencontrer Dieu au-delà de la foule, derrière le voile d'un nom générique de la divinité : dans l'intimité de sa chambre.

Il veut en somme que Dieu s'incarne à son niveau et se fasse homme. En ce cas il lui faut briser le corpus du système religieux au sein duquel le divin se manifeste de façon impersonnelle pour tous. Il lui faut, pour lui seul, briser l'ekklésia et sa prétention au sacré. Et il lui faut briser le nom de Dieu en luttant contre le Créateur et contre tout principe qui s'arroge un droit universel. Il se doit, en quelque sorte, d'entrer dans une forme d'athéisme puisque, soudain, Dieu n'existera plus pour lui en tant que Créateur universel et génial forgeron du créé. Il sera et sera seulement le Père ; Celui qui ne crée pas mais qui enfante de Sa propre nature, de Son propre Esprit. Celui qui enfante chaque fils individuellement, désirant en somme faire de chaque-Un une race. C'est-à-dire donner à chaque-Un un nom particulier unique qui est au-dessus du Tout et au-dessus même du Créateur et de ses lois universelles. De cette lutte avec le Créateur l'homme acquiert donc un nouveau nom, à l'instar de Jacob. En sortant du Dieu-créateur, l'individu sort de l'Homme-créature et il entre dans cette nature que le Christ aimait à appeler le « Fils de l'homme ». Cette nature divine par laquelle le Christ lui-même pouvait ordonner l'impossible à la réalité, à la création, au créé et aux créateurs qui s'y soumettaient alors. Le tétragramme renvoie à cela tandis qu'il refuse à l'homme de donner un nom au divin, tandis qu'il parle uniquement de **l'existence**. C'est ainsi qu'il prononce le verbe « être » au sujet de Dieu, et un verbe qui n'est pas conjugué dans un quelconque temps d'ailleurs — il n'existe pas de présent en hébreu biblique. Le refus du tétragramme renvoie l'homme à naître et à être ce qu'il est ; à exister au-delà de toutes les vérités qui veulent déterminer son être, qu'elles soient ecclésiastiques, morales ou politiques. À entrer dans une Autre nature de l'Être. Une nature impossible et qui n'est pas à notre portée. Une nature qu'on ne peut recevoir que gratuitement, précisément de la part du Père, et qui ne sera manifeste que dans l'acte de la résurrection. Car la nature du Père, c'est très exactement celle du Christ; et Le Christ ne sera vraiment connu que lorsqu'il nous montrera son vrai visage, à savoir celui du Père — une réalité qui ne sera atteinte que dans la résurrection. Ainsi chaque fils de l'homme sera « seul de sa race », pour reprendre l'expression d'un écrivain français. La fraternité et l'amour prennent ici un goût indéfinissable. En effet, chaque frère devient unique, impossible à remplacer; il n'est plus cet exemplaire de la race dont on peut faire l'échange en cas d'absence. Il est indispensable, il est aimé!

2.

De fait, lorsque vous dites que nous ne pouvons pas devenir comme Dieu, ni nous comparer à Lui, et qu'il nous faut en rester au stade de Créature, soit donc d'animal évolué, **c'est le Christ lui-même que vous dites être dans l'erreur ici.** C'est à lui qu'il faut répondre, non à moi!

Car le Christ a bien dit: « Celui qui vaincra, je le ferai asseoir avec moi sur mon trône, comme moi j'ai vaincu et me suis assis avec mon Père sur son trône » (Apo 3^{21}); et ailleurs: « N'est-il pas écrit dans votre loi: J'ai dit: Vous êtes des dieux? » (Luc 10^{34}).

Il est clair que ce propos comporte une hérésie aux yeux des religieux comme vous. Car, non seulement vous remarquerez qu'il n'y a qu'un seul trône, sous-entendant que Jésus se fait ici Dieu, mais en plus il affirme que l'homme, une fois devenu Fils de l'homme, **est appelé à la divinité**

de son Père. Tel est le projet divin. Croyez que moi aussi je le trouve **fou**, et qu'une telle liberté ébranle toutes mes logiques! Mais je n'en attends pas moins d'un Dieu capable de se sacrifier pour moi, je n'en attends pas moins de Lui qu'il donne **l'impossible** à ceux qu'il aime!

Et qu'est-ce donc que cette nature divine que l'homme recevra en Christ? Qu'est-ce donc que cette nouvelle Nature émanant de son propre Père? C'est son Esprit, c'est-à-dire l'Esprit du Fils. C'est par cet Esprit qu'il sera un jour rendu capable de dire, faisant écho au Christ: «Rien ne me sera impossible» (MAT 17^{20}, et LUC 1^{37}). Avoir accès à l'impossible, n'est-ce pas une prérogative divine? **Le Christ est donc une hérésie** pour le dogme traditionnel de l'ekklésia! Aussi comprenons-nous pourquoi l'Église crucifie le Christ dans sa théologie, car elle se fait passer elle-même pour Son corps d'enfantement. Or, l'enfantement spirituel n'est pas le fruit d'un corps collectif, mais de l'Esprit qui entre directement en contact avec l'individu, contre et malgré la collectivité à laquelle il s'attache. L'Esprit est la rupture des cordons ombilicaux, qu'ils soient ecclésiaux, raciaux ou encore politiques, etc. Tout religieux préfère donc se séparer du Christ; il imaginera pour cela un faux Christ calé sur la Création et non sur le mystère du Père; un faux Christ qui permettra à l'homme de se rassurer dans ses logiques communautaires. Par suite, il donnera un nom propre à ce Dieu, à ce Dieu auquel il n'aura pas accès, à ce Dieu qu'il affublera d'un Nom immuable qu'il s'interdira dès lors de prononcer pour se convaincre lui-même de sa spiritualité. Et si enfin il utilise encore le mot «père», ce sera uniquement comme moyen rhétorique et pour mieux subvertir le Christ.

Le texte biblique, en nous questionnant sur Dieu, nous questionne par conséquent sur l'Homme ! Car ces deux questions n'en sont qu'Une en vérité. Et il s'avère que la réponse est surprenante. En effet, l'Homme-accompli est finalement **la plus haute représentation** de Dieu, nous faisant quasiment dire que Dieu, c'est l'Homme-un, l'Homme-accompli : le Fils de l'homme. Le secret de **l'incarnation** est là, et le christianisme est le véritable humanisme, à contre-courant de l'humanisme des Lumières :

« Car Dieu a tant aimé le monde… ». Ainsi nous est-il impossible de concevoir ce Fils de l'homme tant nous sommes trop intelligents et dogmatiques pour cela. Car les lumières intellectuelles, avec leur arbre moral et scientifique, c'est la plus haute proximité que la Nature puisse avoir avec Dieu, et c'est aussi **sa malédiction** ! C'est pourquoi elle place l'homme terrestre au-dessus des créatures animales, mais elle le laisse pourtant déchoir au pied du trône, ne lui en donnant pas l'accès, le privant de l'arbre de Vie. Cette position laisse l'homme dans la crainte du Créateur, des Lois de la Nature et de la Nécessité. Il ne peut voir le visage divin, c'est-à-dire prononcer son nom qu'il cherchera sans fin comme une énigme insoluble. Pour voir le visage de Dieu et l'appeler par son nom : « Père » — il faut faire décrocher l'intelligence, il faut entrer dans **la dimension de la Foi**, et, à l'instar de Paul : « Il faut devenir fou pour être sage » (1 COR 3[18]).

Sur l'Église
Et aussi le royaume des cieux
— Sur un blog protestant – second débat qui prit fin par mon expulsion · (1ère intervention: "Contre Tozer")

TEXTE DE BASE présenté par le blog:

> Nous avons fait de l'église un monstre que nous servons au lieu de nous aimer les uns les autres.
>
> Les milieux évangéliques se présentent de plus en plus comme une religion à part entière et indépendante, plutôt que comme l'expression du christianisme fondé sur les enseignements de Jésus et des apôtres qui, rappelons-le, ne sont pas venus fonder une nouvelle religion mais appeler tous les hommes à entrer dans un règne, le royaume de Dieu, lequel ne dépend ni d'une confession, ni d'un groupe, ni d'un ensemble de doctrines. [...]
>
> La vénération de son église locale, le concept d'église locale, en tant qu'entité en soi, me semble être une chose nouvelle, contemporaine, et en tout cas absente de la Bible. [...] On voit apparaître ici et là, dans les milieux évangéliques, une obsession de l'église locale. Cette dernière prenant tellement d'importance qu'on peut s'interroger sur le principe d'idolâtrie à son égard. [...] J'ai lu un titre de prédication, récemment, qui annonçait: «Votre destinée dépend de l'église locale.» Ce n'est qu'un titre, mais de tels mensonges me font bondir. [...]

> Jésus et les apôtres [...] n'ont pas enseigné à aimer son église locale. Ils nous ont enseigné à nous aimer les uns les autres, à aimer des personnes, des individus, des gens, des frères et sœurs, pas des doctrines, pas des structures, pas des ministères, pas des activités, pas un programme, pas une église locale en soi. Il est très triste de voir que **l'église locale est devenue une entité en soi. Presque indépendante de Jésus.** Elle est devenue quelque chose qui fonctionne par elle-même [...], au sein de laquelle des hommes vont se retrouver, adhérer, s'activer, travailler dans le but de faire croître « l'église locale ». Nous avons fait de l'église **un monstre** que nous servons au lieu de nous aimer les uns les autres et d'entrer dans le royaume de Dieu. Nous ne nous sommes pas attachés aux enseignements de Jésus et des apôtres, nous les avons quittés pour construire autre chose. [...]

🌿

Akklésia — Voilà un petit texte fort rafraîchissant, et, selon moi, inspiré ! « L'église est devenue une entité en soi, presque indépendante de Jésus... et un monstre ». C'est tout à fait exact, mais la chose date du commencement, cela n'a rien de moderne. L'assemblée des ACTES tendait déjà vers cette sur-puissance monstrueuse. Luc montre cela, comme dans une sorte d'annonce prophétique qu'il fait malgré lui. Aussi cette première église des ACTES, grossissant à vue d'œil, fut-elle persécutée et donc dispersée – selon la volonté de Dieu ! Dieu ne supporte pas que la communion devienne un système conceptuel, car alors ce concept n'a rien à envier à l'ekklésia politique, qui, dans le monde grec portait aussi le nom d'ekklésia.

Je félicite l'auteur de ce petit billet pour son courage. En effet, tandis que j'annonce depuis un certain temps l'« Akklésia et un christianisme sans églises », je suis banni et conspué de toute part, même par ceux qui au premier abord critiquent l'église. Car il y a un monde entre dire l'Akklésia et **le faire** ! Il y a un risque à dire, comme BARTH : « L'Évangile est l'abolition de l'Église, de même que l'Église est l'abolition de l'Évangile... car l'Église est jugée par le royaume de Dieu ». Risque cependant que prit l'auteur de l'APOCALYPSE en affirmant qu'il n'y a ni temple ni église dans le royaume des cieux.

Risque enfin que prit le Christ lui-même. Il n'employa qu'une seule fois le mot « assemblée ». Quand ? À l'instant où l'Homme-seul devient un temple de Dieu, lorsqu'il écoute la révélation du Père (MAT 16). À cet instant, l'apôtre va passer de *Shimon fils de Jonas*, celui qui avait été formé dans la religion de ses pères, à *Pierre, fils de dieu* et homme de foi : il naît de nouveau ! Mais, aussitôt après, le Christ prophétise contre Pierre alors qu'il bascule dans l'antithèse de cette révélation. Quand ? L'instant d'après, lorsque Pierre se détourne précisément de la toute fraîche révélation. Il veut faire la leçon au Christ. Il veut bâtir **sa propre vue du messie**, un messie qui se doit de vaincre et non de mourir. À cet instant, il lui est dit : « Arrière de moi le satan, tes pensées ne sont qu'humaines. »

En effet, pour finir de nouveau avec KARL BARTH, l'ekklésia est bien une vue humaine dans la majorité des cas : « L'Église, c'est la tentative, plus ou moins globale et énergique, visant à rendre le Divin humain, temporel, concret, mondain, à faire de lui quelque chose de pratique, et tout cela pour le bien des hommes qui sont incapables de vivre sans Dieu, mais qui ne sont pas capables non plus de vivre avec le Dieu Vivant.» C'est ici que l'église est appelée «le satan» par le Christ: elle est un obstacle, car elle n'est plus à la croix. Elle ne veut pas mourir!

1er intervenant • Bonjour, je suis d'accord. Et même, quelle que soit la dénomination des églises locales, elles sont devenues plus ou moins un monstre. La structure et les relations dans les «églises locales» telles qu'elles existent actuellement sont tout, sauf conformes à ce que dieu veut. Seuls quelques groupes d'amis privilégiés s'y «aiment», les autres non conformes aux attentes y sont mis au placard.

Si l'on met les pieds dans une «église locale» dont on n'est pas membre inscrit et actif et qu'on y demande de l'aide on nous répond: «Non, c'est réservé aux brebis de l'assemblée dont Dieu a donné la charge au Pasteur et dont il aura à rendre des comptes devant Dieu, pas aux autres...» Et ce monstre s'étend aux ministères indépendants...

Qui sait de nos jours ce que signifie vraiment «s'aimer les uns les autres»? Les relations «chrétiennes» sont des «relations kleenex» qu'on cesse par un simple clic d'envoi de courriel. Le monstre avance, et l'amour du plus grand nombre se refroidit. On prétend aimer sans savoir ce qu'est la pratique de l'amour... Ma prochaine lecture pour étudier ce sujet: «Des ruines de Babel à la splendeur de Sion» de CHRISTIAN PELLONE.

Akklésia — Ce que vous dites est intéressant. Mais comme je le disais, le concept d'Église ne laisse pas de demi-mesure, ce qui ne semble pas être le cas du propos de C. Pellone. Car je vois que son discours aboutit finalement à « une reconstruction de l'église ». Le propos du Nouveau Testament n'est pas de reconstruire, de réformer l'église, ou de la conduire à un réveil tel que le christianisme règne sur terre... Niet de niet. Il s'agit de **la conduire à sa mort** afin d'amener chaque-Un à sa propre résurrection : on n'entre dans la résurrection que par le chemin étroit, soi-même, sans le support d'un credo dénominationnel ou d'une quelconque assemblée. Il s'agit donc de conduire au Royaume des cieux, là où l'église n'est plus ! Le temple de Dieu, c'est l'homme individuel ! Une telle unité, sans système intermédiaire entre chaque fils de l'homme et le Père, c'est une unité qui nous échappe et dont le langage ne peut rendre compte. Il ne faut même pas essayer...

C'est pourquoi Pellone se perd en mysticisme. Il mélange le concept du messianisme juif avec celui de l'église, il mélange la « royauté » du Christ avec l'idée politique du messianisme juif. Mais le pire, c'est qu'il mélange le thème de « l'armée de l'éternel » avec l'église. L'armée de l'éternel n'a rien à voir avec l'église voyons, c'est une grave erreur là, erreur qui conduit, et qui a conduit bien des fois à de nombreuses violences.

De fait, il finit par jouer avec la *guematria*, comme le font les rabbins : n'arrivant plus à saisir l'allégorie biblique, ils en appellent aux mathématiques et jouent avec le feu. La *guematria* fait glisser facilement dans la magie. On essaye de « prouver » la vérité par un procédé logique ésotérique. De même en est-il de l'idée de « corps et de tête » à propos de l'homme et du divin, idée qu'on retrouve surtout dans les pseudépigraphes d'ÉPHÉSIENS et COLOSSIENS: on doit appréhender cette pensée avec allégorie. Sinon il faut imaginer l'amour de Dieu comme une **autocratie** où une tête toute-puissante dirige des membres soumis dans l'absolu; ce à quoi aboutissent toutes les réformes et tous les réveils ecclésiastiques depuis toujours. Ceci n'est pas l'unité, mais le levain de la dictature. Il est soit direct, soit indirect comme c'est le cas d'une démocratie. Le slogan du Christ, c'est «le royaume des cieux seul», un monde où l'homme accompli atteint une liberté semblable à la Sienne, c'est-à-dire à celle du Père; de sorte que le Christ lui-même dira à chaque-Un: «Je te ferai asseoir avec moi sur mon trône» (APO 3)!

2ᵉ intervenant • Quelle envolée lyrique Akklésia... Chercher le royaume de D.ieu c'est aller chercher, désirer, l'héritage qui nous est accordé par la mort et la résurrection du Seigneur. Le royaume c'est tous les charismes et les dons pour bénir et sauver les âmes en souffrance et les mettre en relation par l'Esprit avec leur D.ieu... Lorsque Jésus dit: Le royaume s'est approché de vous! quel est donc ce royaume... Les boiteux marchent les malades sont guéris et les aveugles voient... [...]

Les pasteurs, prêtres, etc. ne peuvent pas répondre juste, car ils restent tous sur leur piédestal pour nous gouverner!!!! Non c'est un problème de traduction qui voile la réalité du corps de christ... Il s'agit de l'Assemblée des Saints... [...] Ils sont, dans ce sens, l'armée de l'Éternel terrestre car il y a deux armées: l'armée spirituelle composée des anges de l'éternel et l'armée sur terre composée de l'assemblée des Saints... Cette armée a autorité, au NOM du Seigneur et par son sang, pour accomplir par la foi les miracles les prodiges les guérisons les paroles d'autorité pour délier ou lier... elle gouverne sur terre avec la puissance du Saint Esprit et par ses actions de foi elle établit le royaume de D.ieu au milieu des hommes... [...]

Maintenant comme Jésus qui allait à la synagogue pour dire au NOM de son Père ce qu'il avait à dire... Moi aussi ça ne me gêne pas du tout de dire dans n'importe quelle église structurelle la volonté de mon Père et de mon Roi... C'est donc la où sont les âmes que nous allons porter la guérison les miracles et faire s'il le faut des prodiges en proclamant la parole de D.ieu sur son autorité... Dans la rue aussi ça m'est arrivé de prier pour les malades... [...]

Akklésia — Vous prétendez donc que le Royaume des cieux, ce sont « les charismes et les dons pour mettre les hommes en relation avec dieu par l'Esprit ». Quand donc « les boiteux marchent, que les malades sont guéris et que les aveugles voient, etc. » Vous prétendez donc que les hommes croient parce qu'ils voient. Moi, j'appelle cela le Royaume de Saint Thomas !

Nous sommes loin de la prérogative de l'Esprit. Sa tâche est, non de prouver par la force des preuves, mais de convaincre l'homme intérieur, de l'amener à une contrition telle en sa conscience, qu'il n'a plus d'autre espérance que la résurrection. C'est-à-dire à trouver un dieu capable de le faire sortir de son état de créature, hors des lois, vers une nature nouvelle de Fils. Or, la résurrection n'est pas le « tikoun » hébreu, *la réparation* des corps ici-bas, mais leur **recréation** après leur avoir donné gratuitement la victoire sur le dernier des jugements : la mort. Les miracles dont vous parlez, ces

« réparations instantanées » de la chair, ce ne sont que des métaphores du vrai miracle à-venir : la résurrection. Ceux qui espèrent en une réparation de leur chair **n'ont pas la foi**, seulement un mysticisme bon marché. Tandis que ceux qui espèrent au miracle de la résurrection auquel renvoient ces œuvres accomplies par le Christ dans son humanité, ceux-là ont la foi. Ils ne voient plus dès lors dans la faiblesse et la maladie de la chair un échec de l'Esprit, car ils attendent de Lui un corps incorruptible.

Votre vision du Royaume des cieux est proprement judaïque, ce qui explique votre façon d'écrire le mot « D.ieu ». D'ailleurs, les pharisiens demandaient à Jésus ce que vous Lui demandez aussi : « Les pharisiens demandèrent à Jésus quand viendrait le royaume de Dieu. Il leur répondit : Le royaume de Dieu ne vient pas de manière à frapper les regards. » (LUC 17).

Jean le baptiste douta, du fait de cette influence judaïque d'ailleurs. Mais, pour lui, il n'est nullement question d'en faire le reproche. Il était encore trop proche de l'antique judaïsme. Ce judaïsme qui se range du côté d'une « armée » de lois morales et astronomiques – lois angéliques dans le langage mystique – pour établir un royaume messianique terrestre : un âge d'or sur terre. Cette religiosité pense la sainteté comme une pureté angélique, de type moral, scientifique et hygiénique. Une sainteté qui en devient donc ésotérique, et capable alors de réaliser des prodiges par son obéissance à ces lois dites divines. Le judaïsme, tout comme vous, voit le Saint comme une élite missionnée pour gouverner les hommes au nom de ces lois célestes. Un gouvernement de Saints utilisant donc **la force et l'autorité**, tant celle de la loi et de la morale que celle du miracle ! Un petit enfer sur terre somme toute ; là où la foi intérieure et personnelle n'est plus requise ; là où seule la soumission à une théologie de la loi des miracles est requise.

La loi et le miracle n'auront pourtant pas de place dans le Royaume des cieux ; Paul l'affirmait déjà. Le Royaume des cieux n'a nul besoin de prophéties, de connaissances ou de miracles ; il est le monde où l'Être n'a nul besoin de forcer une réalité déchue. La réalité du monde-à-venir, c'est l'infini des possibles, un infini que l'homme aura en Lui-même : rien ne séparera ce qu'il **est** de ce qu'il **fait**. Qu'ont besoin d'un gouvernement de tels Êtres ? Qu'ont besoin d'un gouvernement deux Êtres qui s'aiment ? Qu'ont-ils besoin de forcer la réalité, car celle-ci ne sera plus un obstacle, mais le reflet de leur gloire. Et quelle loi les forcera à s'aimer ? Car, étant accomplis, ils se joueront des lois comme aiment à jouer les amants.

Lorsque Jésus répond au Baptiste : « les malades voient, les boiteux marchent... », il rajoute aussi : « la bonne nouvelle est annoncée aux pauvres. Heureux celui pour qui je ne serai pas une occasion de chute ! » En quoi le christ évoque-t-il l'idée qu'il puisse être une occasion de chute ? Parce que Jean aussi pensait que le messie devait établir le Royaume des cieux au milieu des hommes, un royaume des cieux sur terre avec un Roi-messie, sa morale, sa connaissance, et ses miracles scientifiques. Et le Christ de lui répondre : « Il s'est approché, **seulement approché**, il est annoncé, seulement annoncé, mais étant aux cieux, il sera établi aux cieux **seulement**. J'en suis le Témoin véritable, aussi j'affirme qu'il ne viendra pas sur terre autrement que caché, en toi, à l'intérieur de toi (*entos*). Il ne se révélera pas à l'œil autrement que par la résurrection, là, dans le lieu d'où je viens et où je vais. Les aveugles qui voient et les boiteux qui marchent témoignent de l'écriture des prophètes que je suis Celui qu'ils ont annoncé. Mais il vient un temps où il sera dit aux hommes : **Heureux ceux qui n'ont pas vu**, et qui ont cru ! C'est alors que je serai pour beaucoup une occasion de chute. Tant pour l'ekklésia des lois que pour celle du miracle. » Cette ekklésia des lois du miracle que vous prêchez est la plus abjecte des autorités !

3ᵉ intervenant • Mon cher Akklésia, lors d'une de tes anciennes interventions sur ce blog, j'étais déjà allé voir le lien que tu as remis un peu plus haut et titré « akklésia ». Je dois sincèrement te dire que je n'ai même pas été jusqu'au bout de l'argumentation qui y était développée, car elle était visiblement fortement infectée d'une pensée bouddhiste dont le Seigneur m'a libéré il y a bien des années. [...]

Première remarque : le mot grec « ekklésia » est employé 122 fois dans le NT et JAMAIS de façon péjorative. Il concerne principalement la communion des chrétiens dans la Nouvelle Alliance. Mais il est également employé pour désigner le rassemblement du Peuple de Dieu dans l'Ancienne Alliance, puisque c'est ce mot qui est employé dans la traduction grecque de la Septante.

Le sens grec du mot est : « ek » = (hors) + « klésia » = (rassemblement) ; littéralement, « rassemblement au dehors », ce qui est très bien imagé par le rassemblement hors d'Égypte. La première fois que le terme « assemblée » est employé dans la Bible, c'est justement à propos du sacrifice de la Pâque, la veille du « rassemblement hors » d'Égypte (Ex 12), et ensuite pendant toute la pérégrination dans le désert. Lorsque les apôtres emploient ce terme, c'est donc en référence à une réalité que tous les israélites connaissaient et qui était le « type », le schéma, de ce que l'Église était appelée à vivre dans sa pérégrination sur la terre.

Par contre, le terme employé dans ton livre a un tout autre sens ! « akklésia » : « a » (privatif) + « klésia » (rassemblement) ; littéralement : « sans rassemblement ».

Sous prétexte que les gens rassemblés à l'appel du Christ ont tendance à se fabriquer des « lieux de culte » qui arrêtent leur marche spirituelle, ce livre propose tout simplement de considérer les rassemblements comme inutiles et donc de les supprimer ! Et la communion fraternelle indispensable à la croissance en Christ disparaît malheureusement avec l'eau du bain...

En lisant tout ce que tu as mis sur ton blog [...] on y discerne un concept d'annihilation de l'être qui est plus inspiré du bouddhisme que de l'Évangile. On peut remarquer aussi que la dimension de la communion fraternelle est complètement absente de tes billets. On y observe une démarche individuelle et malheureusement individualiste, alors que la vie chrétienne, si elle est une démarche personnelle, est également forcément le résultat d'une communion avec le reste des frères et sœurs. Le 1er commandement qui consiste à aimer Dieu est équilibré par « le second qui lui est semblable » et qui consiste à aimer son prochain comme soi-même. Sans communion fraternelle, nous sommes incapables de le mettre en pratique.

Dans les évangiles (et encore aujourd'hui) les « signes » (guérisons, miracles, délivrances...) sont le résultat de la foi et jamais des moyens ou des béquilles pour aider à croire. Et contrairement à ce que tu prétends, il ne s'agit pas de « métaphores », mais de réalités qui ont cours encore aujourd'hui au milieu des croyants. Lorsque tu vas jusqu'à affirmer que « Ceux qui espèrent en une réparation de leur chair n'ont pas la foi, seulement du mysticisme bon marché », tu ne te rends pas compte que tu contredis complètement ce que le Christ Lui-même déclare à propos de plusieurs de ceux qui l'approchaient pour demander une guérison et qu'il a considérés comme ayant beaucoup de foi. À trop vouloir idéaliser les principes spirituels, on en arrive à dévier gravement de la pensée divine...

Si je suis d'accord avec toi à propos de la tentation charnelle que représente un royaume qui s'établirait par une autorité miraculeuse et abusive, il ne faudrait pas pour autant oublier que le Règne de Dieu ne s'est pas « seulement approché », comme tu le prétends, car il est réellement descendu jusqu'à nous. S'il est effectivement déjà établi dans les cieux, il est également appelé à venir s'établir au milieu des humains. C'est tout le mystère de l'incarnation que ta pensée semble évacuer complètement. Jésus est réellement venu en chair, il ne s'est pas contenté de nous donner des enseignements spirituels et symboliques (comme la gnose prétend le faire), il les a vécus ici bas et nous a appelés à le suivre dans cette réalité. La prière qu'il nous a laissée en est une preuve de plus : « Que ton Règne vienne ; Que ta volonté soit faite sur la terre comme au ciel. » (MAT 6^{10}). « Sur la terre comme au ciel » ! Ne spiritualisons pas tout ! L'Esprit de Dieu est venu planter sa tente au milieu de nous en Christ-Jésus.

Akklésia — Il est étrange que vous commenciez ma critique par : « Je n'ai même pas été jusqu'au bout de votre argumentation, mais je la juge cependant ». Une telle pirouette me pousserait à faire de même, et à ne pas vous lire en entier, ce que je ne ferai pas puisque j'ai le désir de vous répondre.

En outre, je ne doute pas que vous soyez blessé par la pensée bouddhiste au point de la soupçonner là où elle n'est pas. Il s'avère, en effet, que le bouddhisme et l'hindouisme sont mes critiques les plus virulentes, car je vois précisément dans ces philosophies le plus dangereux problème qui se pose, non seulement au christianisme, mais à l'ensemble de la pensée moderne et mondialiste. L'Islam est selon moi de la nioniotte à côté.

1.

Concernant le mot « ekklésia », il semble que vous soyez un protestant typique dans le sens où vous supposez que les apôtres ont perfectionné le message du Christ, puisque votre jeu de statistique se réfère aux textes hors évangiles, les évangiles ne se référant qu'**une seule fois** à ce mot. Certes, les chrétiens qui suivirent le Christ parlèrent ensuite des communautés, c'est-à-dire de la communion fraternelle, vers laquelle **je suis entièrement favorable**. Ma critique est celle de l'ecclésiologie en tant qu'elle est une supercherie calquée sur la synagogue et la théologie du Temple. La communion fraternelle est **une chose**, le concept de l'éternité de l'église et de son règne terrestre en est **une autre** ! C'est pourtant simple à comprendre.

Votre développement du mot ekklésia est, permettez-moi, léger. Tout d'abord, le christ n'employa pas ce mot, il ne parlait pas en grec ; nous ne savons quel mot il employa d'ailleurs. Ce qui est significatif ! De plus, le mot « ekklésia » se réfère à un vocable employé communément dans la culture grecque d'alors. Un vocable proprement politique et sociétal. — Quant à votre développement par rapport à la septante, **il est faux**. Ce qui prouve d'ailleurs que vous n'avez pas lu mon opuscule, que vous critiquez pourtant ! Bref, les nombreux mots français tels que : « assemblée, congrégation, communauté, collectivité... », et que nous traduisons ainsi à maintes reprises dans l'AT ; ils sont en réalité issus de seulement 2 termes hébreux dans le texte d'origine ; à proportion quasi égale dans l'hébreu.

L'un de ces termes permit de construire le mot « **synagogue** » : c'est le *edah* hébreu d'origine, et que la septante grecque rendit par *sunagôgê*. L'autre fut utilisé pour créer le mot « **église** » : c'est le *qahal* hébreu d'origine, et que la septante grecque rendit par *ekklêsia*. En distinguant « synagogue » et « église », on a donc séparé deux termes qui dans l'hébreu ne sont pas distincts, mais parfaitement interchangeables ! Or, il s'avère que la théologie de l'église qu'on prétend imputer aux apôtres, elle est en réalité devenue une théologie politique et sociale. Soit donc, exactement la même théologie que le judaïsme. Celle-ci a comme centre la synagogue, émanation du Temple, et comme perspective une théocratie, avec pour chef un Roi-messie instaurant un royaume divin sur terre. De là le compromis continuel entre l'église et l'état, entre l'église et la société, entre l'église et les pouvoirs terrestres. De là l'avidité des églises à vouloir régner ici-bas, de là le fait que ses adeptes font violence à Dieu : ils font accroire aux foules que le miraculeux est une chose commune dans leurs sectes. Ils n'arrivent cependant jamais à en produire ! Car les miracles évangéliques dont vous parlez, tout comme les catholiques, ce sont les fantômes de l'auto-persuasion : il n'en arrive quasi jamais.

A *contrario*, je crois en effet que les apôtres voyaient dans l'idée d'assemblée celle de communion. Je ne pense pas qu'ils voulaient bâtir une hiérarchie synagogale, à l'image du Temple davidique, se destinant à couronner un messie-roi sur terre à grands coups de miracles et de lois. Les apôtres avaient **brisé** pour eux l'antique judaïsme. Il semble donc plutôt que ce soient leurs successeurs qui mêlèrent le levain du judaïsme avec la foi en Christ, construisant une église qui n'est qu'une copie de synagogue. Là est ma critique de l'église. C'est-à-dire que plus on critique cette théologie, **plus on encense la communion** d'homme à homme : la véritable fraternité somme toute. Plus on détruit l'idée humaine et théologique d'église, plus on bâtit une communion hors de tout intermédiaire administratif, doctrinal et ecclésiologique. Plus finalement on se rapproche de ce que peut être le rapport humain dans le monde-à-venir, c'est-à-dire là où il n'existe plus d'églises, là où la relation humaine n'est plus pesée et mesurée au tribunal d'une entité visible, mais là où la relation est directe, entre hommes libres de toute autorité. Le christianisme est dans son essence « **anarchique** ». C'est là que vous devriez placer votre « a » privatif grec. Anarchie, c'est littéralement « sans autorité, sans commandements ». C'est le lieu où l'autorité est inutile pour stipuler aux hommes comment se conduire, dans quel cadre ils se doivent de s'aimer, et au son de quelle morale dite divine ils doivent bénir ou maudire la différence de l'autre. Pourquoi ? Parce que le Christ, c'est l'homme libre, c'est celui qui a reçu l'autorité en lui-même — parce qu'il est un autre homme. C'est l'homme qui n'a nul besoin des tours d'un temple ou d'une église pour lui dire qui être et quoi faire.

2.

Vous prétendez en outre que les signes et miracles tangibles sont le résultat de la foi. Vous me reprochez d'avoir dit : « Ceux qui espèrent en une réparation de leur chair n'ont pas la foi, seulement du mysticisme bon marché... » Eh bien je réitère. L'espérance de la foi a comme seul et unique but **la résurrection**, c'est-à-dire une nouvelle création, un être qui apparaît dès lors avec un corps incorruptible et pour lequel tout sera possible. La résurrection n'est pas une réparation de la chair, mais **sa mise à mort**! À partir du moment où le but de la foi en christ **se focalise** sur la guérison ou la prospérité de la réalité terrestre, il a tous les risques d'oublier le but essentiel vers lequel la foi conduit : la résurrection dans un corps recréé. Cet attachement à la réalité est un manque de foi, c'est malsain. Pourquoi ? Parce qu'il conduit vers le bouddhisme ou l'hindouisme. En effet, comment ceux-ci ont-il résolu cette impasse de la réalité ? Car on a beau faire, *le réel nous rattrape toujours*. Eh bien le bouddhiste a dit que la perdition était le salut, c'est-à-dire qu'il prétend vaincre la réalité en l'annihilant : c'est la **désincarnation**. C'est-à-dire que la théologie des miracles – en étant obnubilée par la réalité – est l'introduction aux philosophies orientales. En effet, elles aussi sont obsédées par la réalité, mais elles sont simplement allées plus loin ; elles ont dit que la solution n'existe pas autrement qu'en se désincarnant de la réalité, et cela après de multiples réincarnations. Seul le christ propose de juger le réel **sans le perdre**, et en le surmontant par une recréation, c'est-à-dire en le glorifiant: c'est la résurrection. Soit donc, l'obsession des signes et des miracles est le premier pas vers le déni de la résurrection !

De plus, si le Christ sut reconnaître la foi de certains envers la guérison, c'est encore mentir par omission de ne mettre **que cela en avant**, car en de nombreux autres cas il reprocha aux hommes de ne rechercher que les miracles, le pain et la bénédiction terrestre, disant d'eux qu'ils n'étaient pas dignes de confiance. D'ailleurs, le passage au désert et son face à face avec le satan, ce n'est somme toute qu'une invitation du satan à user d'un pouvoir divin pour modifier la réalité: relisez attentivement ! **Le satan aime le miracle et la prospérité**, il aime donner le bonheur aux hommes ici-bas: *on n'attrape pas les mouches avec du vinaigre*. Cette réparation de la chair est en fait un terme de la théologie hébraïque: le «tikoun», qui signifie *réparation*. Le «tikoun» est une sanctification de l'être, mais en ce que l'homme doit être valorisé de manière **visible** dans ce monde. Cette idée de valorisation du monde, car il faut le préparer pour la venue d'un messie, c'est le langage du miracle et de la prospérité que les pseudo églises annoncent aussi aux foules: *on n'attrape pas les mouches avec du vinaigre*. La théologie des signes et des miracles est donc un glissement vers le désir de sanctifier la chair au lieu de la tuer pour la ressusciter. Une façon toute polie de ne plus laisser à la résurrection toute la puissance de l'espérance. C'est typique du protestantisme, comme du catholicisme d'ailleurs... et de toutes les religions. On veut incarner dans la réalité la victoire d'une bénédiction dite divine, tant par la prospérité que par la réussite sociale ou la santé corporelle. Quant à la résurrection... bah, c'est la cerise sur le gâteau, mais **ce n'est plus le gâteau**!

Ainsi, ceux que le Christ sut reconnaître dans leur foi lors d'une réponse à la guérison, c'est précisément ceux qu'il utilisa en tant que métaphore : la foi seule sauve, l'impossible n'est accessible que par la foi, la résurrection n'est possible que par la foi. La loi, la morale ou les pratiques spirites ne peuvent réaliser l'impossible : sauver l'homme du jugement des lois terrestres et conduire à la résurrection. Par la loi, la morale ou les pratiques spirites n'est possible qu'une réparation momentanée de la chair : une certaine bonne santé et une certaine réussite sociale. C'est ainsi que le moindre acte sorti de l'ordinaire est prétexte à renchérir sur le miraculeux et à donner une espérance trompeuse aux hommes. Mais **Lazare mourut après sa résurrection**! Ce n'est pas moi qui idéalise, c'est vous. Car en exaltant le miraculeux on idéalise la vie chrétienne comme nous mettant à disposition une vie exempte d'échecs, d'erreurs, de souffrances et de maladies. Ainsi, tous croiront, même ceux qui ne croient pas à la résurrection et n'aiment pas le christ. – Qui refuserait 2 heures hebdomadaires de culte si la richesse et la guérison du cancer y étaient assurées : personne! Tous sont prêts à courir après ce mysticisme bon marché. Mais qui suivra le Christ une vie durant, même durant les pires épreuves, pour une espérance qu'il ne voit pas et dont il n'a pas le bénéfice sonnant et trébuchant ici-bas? Seuls ceux qui ont foi et l'aiment vraiment, les heureux qui « **croient sans voir** ». Car « l'espérance qu'on voit n'en est pas une. »

3.

Enfin, vous semblez être tout aussi léger quant à ce qui concerne le règne de Dieu. Il s'avère en effet que Dieu s'est incarné en Christ, il se sacrifia volontairement puis ressuscita. Mais il ne ressuscita pas pour demeurer parmi nous, si ce n'est 40 jours. Il s'en est allé d'où il venait, nous laissant sa présence, non corporelle, mais spirituelle, celle de l'Esprit. Aussi, n'est-il plus incarné ici-bas, n'est-il qu'Esprit. Il vint, non pour régner sur cette réalité et la réparer, mais pour affirmer sa **future abolition**; pour certifier à ceux qui l'aiment qu'une autre réalité à-venir les attend, pour peu qu'ils ne se bercent plus d'illusions avec celle présente. Qu'est-ce donc qu'une tente de l'Esprit dès lors? C'est une tente invisible, c'est le cœur de l'homme. C'est l'incognito du Christ. Ce n'est pas une royauté terrestre ou une église. C'est pourquoi son témoignage n'est qu'une Parole! L'Esprit est là pour convaincre l'homme intérieur et le conduire vers l'incognito du Christ, vers ce qu'il ne voit pas, vers ce devenir où il marche avec persévérance. Cette parole de **conviction** de l'Esprit n'est pas une gnose, c'est convaincre l'homme de son impuissance face à ce monde présent. La foi est au contraire très réaliste. **Trop réaliste diront certains**; c'est pourquoi ils auront recours à une gnose. Ils se tortilleront et tordront le texte pour se convaincre qu'ils ne sont pas si impuissants que cela, que la résurrection n'est pas leur seule espérance. «Il faut **incarner Dieu** dans la réalité présente», diront-ils, «ici et maintenant, par une ecclésiologie du bonheur; car l'incarnation **passée** du Christ et celle **à venir** de la résurrection ne suffisent pas à l'homme pour croire, c'est trop dur, c'est trop étroit. Il faut les aider!» C'est exactement ce que dit Dostoïevsky dans *Le Grand Inquisiteur*. En vérité, c'est l'Esprit qui manque à de tels hommes! Aussi vont-ils par le large chemin médian des tièdes, des compromis. C'est donc vous qui gnosez Monsieur!

Qu'est-ce qu'une gnose si ce n'est l'alchimie à rendre Dieu concret, humain, réaliste, à le faire descendre sur terre : « qu'il descende de la croix, et nous croirons en lui ». La gnose, c'est construire une théosophie divine, une théurgie divine (de *ergon*, action), et cela afin de faire descendre une spiritualité sur terre qui puisse modifier le réel, et qu'on nommera divine. L'homme n'est pas invité à se tordre les méninges pour acquérir la prospérité et la bonne santé en tentant Dieu pour qu'il agisse. Comme si Dieu allait être en extase devant nos techniques spirituelles, nos potions religieuses; comme si on pouvait le forcer à agir — si possible. Le Christ nous avait pourtant prévenus : « Le royaume de Dieu est forcé par les violents ». Mais pas une seule virgule de la réalité ne passera sans que tout n'arrive, et tous boiront cette coupe : **tous seront éprouvés**. C'est alors que le royaume des cieux appartient aux humbles, aux brisés, aux hommes pour qui l'espérance n'est plus terrestre, mais céleste.

L'Esprit, c'est « la négation de l'immédiateté directe » disait Kierkegaard. Car l'Esprit commande et ordonne, non des miracles et des rois chrétiens, mais la nouvelle création de ceux qu'il a choisis avant leur naissance, afin qu'ils entrent, après leur mort, dans une vie dont nul ne peut rendre compte ici-bas : la vie de Dieu. De fait, le royaume de Dieu à-venir, c'est le **non-règne de Dieu**. Mais autre chose est le règne de Dieu ici-bas, sur les choses terrestres et célestes : *sur la terre et les cieux*. Nous y assistons. Qu'est-ce donc? C'est l'Esprit du Christ qui réalise une chose dans l'incognito ! En effet, l'Esprit a autorité sur tout le réel, et aucun jugement ne peut être édicté des cieux s'il s'y refuse. Mais quel est le but de ce règne ? C'est de faire entrer des hommes dans la foi, dans le même incognito qui était le sien de son vivant, soit donc de leur communiquer que **la seule issue possible** est la résurrection. De là sortiront-il des théâtres religieux où l'homme fume l'opium des miracles et des prospérités immédiates. Voici ce que dit le Christ, ici et maintenant : « Il vaut mieux un seul homme caché dans mon espérance à-venir que 1000 miracles que demain le réel brisera, rouillera et rongera par sa teigne. »

Enfin, c'est pourquoi l'Apocalypse dit : « Car le Seigneur notre Dieu tout-puissant **a régné** », et non pas : « **est entré** dans son règne ». Le verbe est conjugué à la 3ᵉ personne (aoriste indicatif actif), comme dans : « Si par l'offense d'un seul la mort **a régné** par lui seul... » C'est un verset de l'Apocalypse que les théologiens ne peuvent donc traduire correctement. Car comment comprendre que dans le Royaume des cieux, Dieu **a régné**, que c'est fini !

En effet, il est bon que Dieu règne ici-bas, mais **seulement** ici-bas. C'est-à-dire qu'il ait tout pouvoir pour appeler les siens à sa résurrection. Mais nous ne voulons pas plus. Nous ne voulons pas qu'une théologie spirite insiste sur la réparation de notre chair, comme si, sans elle, la résurrection ne pouvait être validée. Niet. Nous croyons, quel que soit le cas le plus extrême, en une recréation définitive et qui se réalisera en un clin d'œil : en une résurrection **si puissante** qu'elle n'a nul besoin d'intermédiaires, de réparations ou de réincarnations. Nous voulons entrer dans un ailleurs-à-venir où Dieu a cessé de régner, un monde où dieu n'aura plus personne à sauver, plus rien à réparer, où nul ne pourra se perdre. Ainsi Dieu pourra-t-il dire : « J'ai régné, je vous ai aimés, je n'ai cessé de travailler à vous conduire dans mon espérance, dans ce qui est caché au monde. Mais désormais, Entrez ! Et que la fête commence. Car je vous donne l'infini des possibles ; et ce que vous appelez ici un miracle sera là-bas la chose la plus normale qui soit ! »

3ᵉ intervenant • Le fait de critiquer le bouddhisme et l'indouisme, n'est pas la preuve que tu n'es pas encore grandement sous leur influence. L'emploi de termes négatifs pour parler des réalités spirituelles comme « non-église » et « non-règne de dieu » n'est pas originaire des Écrits Bibliques, mais par contre, est typique de la pensée orientale. Je te cite : « De fait, le royaume de dieu, c'est le non-règne de dieu... dans le Royaume des cieux, Dieu a régné, c'est fini. »

Avant d'aller plus loin dans des débats longs et fastidieux et pour bien comprendre à quel courant de pensée tu appartiens, il serait intéressant de nous faire savoir pourquoi tu prétends que le Règne du Dieu Éternel va se terminer ?

Akklésia — Je ne sais si en parlant d'influence tu ne mets pas les pieds en un lieu qui t'est interdit. Car *d'influence à inspiration* il n'y a qu'un pas pour accuser l'autre d'être démoniaque ou je ne sais quoi encore. Un autre intervenant sur ce blog m'a déjà taxé d'« antisémite et de rebelle à l'Esprit du Christ », je m'attends donc à tout. En réalité, tu ne sais lequel de mes arguments directs tu pourrais avancer pour te convaincre que je présente une doctrine hindouiste. Tu ne le sais, car il n'y en a aucun ! Bien au contraire, mes textes sont une critique même des dogmes de l'**annihilation**, notamment celui de l'annihilation de l'incarnation, et plus encore celui de ces maudites réincarnations intermédiaires **que le judaïsme a par ailleurs inclus dans sa théologie**. Tu en es donc réduit à te réfugier dans l'apparence de mon propos. Tu regardes à la loupe ma syntaxe et ma phraséologie plutôt que d'écouter ma réflexion et mon argumentation. Ainsi parles-tu d'influence, et tu en viens petit à petit à m'accuser de ne pas être inspiré, et plus tard, peut-être, à m'accuser d'être inspiré par le malin. C'est le réflexe propre à celui qui veut à tout prix avoir raison. Ce qui n'est pas mon intention. Je n'ai que l'intention de chercher avec ceux qui cherchent, c'est-à-dire avec ceux qui cheminent et qui sont prêts à mettre en question des théories **éternelles**, certes utiles durant l'enfance, mais que l'âge adulte rend obsolètes et pour lequel elles sont un obstacle à la maturation spirituelle.

Parlons donc brièvement d'influence. Il semble que tu sois peut-être encore toi-même sous cette influence qui t'a trompé auparavant et envers laquelle tu as su tourner pourtant le dos. Car si à la moindre utilisation d'une négation, la « non-autorité » par exemple, si donc tu ne vois là que cet hindouisme qui t'a maltraité dans le passé, il se peut que tu souffres encore des coups qu'il t'a infligés. Ne serait-il pas mieux de chercher en toi-même le problème plutôt que dans l'œil de ton prochain ?

Concernant ce que j'appelle le « non-règne » de Dieu. Notamment APO 19[6] abordé lors de ma précédente réponse et dont voici le rappel. Ce verset est habituellement traduit par : « Car le Seigneur notre Dieu tout-puissant **est entré** dans son règne. » Or, il s'avère que la traduction devrait plutôt être : « Car le Seigneur notre Dieu tout-puissant **a régné** ». Le verbe « régner » est un aoriste indicatif actif ; nous retrouvons le même temps et le même verbe ailleurs, et effectivement traduit par sa valeur accomplie passée. Ce qui est d'usage en ce cas afin de manifester que le temps de ce verbe est bien une action dont le processus est complet. En voici deux exemples :

> Rom 5^{14} : Cependant, la mort « a régné » depuis Adam jusqu'à Moïse...
>
> Rom 5^{17} : Si par l'offense d'un seul la mort « a régné » par lui seul...

Mais ne prendre que le seul verset de l'Apocalypse pour appuyer l'ensemble serait une grave erreur. Ce verset nous met la puce à l'oreille, certes, mais il se doit d'être confirmé par l'ensemble de l'Écriture. Si ce qu'il semble nous dire est vrai, ceci devrait être reflété dans tout le texte. Nous devrions retrouver en quelque sorte le fil conducteur de ce propos de l'Apocalypse partout dans la bible. Or, c'est précisément le cas ! Il est simplement fort dommage qu'un certain christianisme en soit encore au lait pour n'avoir pas débusqué la chose.

Pour mettre cela en lumière dans toute la Bible, il faudrait prendre un certain temps. Il faudrait développer le thème de l'arbre de la mort dont parle la Genèse ; c'est-à-dire les connaissances et la raison, lesquelles sont toujours protégées par les morales du bien et du mal. Nous en viendrions dès lors à ce que le texte appelle les anges. Les anges sont des concepts d'obéissance pure, sans volonté. Ils sont des perfections. Ce sont des lois, des idées pures, et que l'homme appelle **éternelles**. En effet, l'homme ne peut imaginer que la perfection soit mortelle ou mise en échec. Il dira par exemple que la théorie du 2+2=4 ne peut mourir. Il y a une parole du TALMUD qui résume cela admirablement : « Quand vient la perfection, le satan danse ». Bref, ces lois obéissantes et parfaites produisent dans notre réalité ce que l'on conçoit, tantôt comme un bien, tantôt comme un mal. Mais en soi, ces lois ne sont ni bien ni mal, c'est le contexte humain qui les rend bien ou mal. C'est pourquoi l'arbre du bien et du mal produit le bien et le mal de **la même racine**. C'est le même arbre nous dit la GENÈSE.

De fait, ce que la Bible appelle l'*Armée de l'Éternel*, ce sont en vérité ces puissances législatives dominant le créé et les créatures. Et pour l'homme, la connaissance de ces « vérités » du bien et du mal produit en lui **la conscience** : réprobations et récompenses, sens des droits et des devoirs, etc. C'est le tutorat de la loi dont parle Paul dans GALATES. Cependant, ces puissances de la réalité sont toutes subordonnées à l'Esprit du Christ ! Il règne. Il tance les lois, rendant mortel ce que nous pensons être éternel. Ici est l'allégorie de ses miracles : il peut abolir la pesanteur et marcher sur l'eau, ou transformer les lois des molécules pour faire de l'eau du vin, etc. Mais son autorité sur la réalité n'a pas pour but de faire du cinéma pour les assoiffés de preuves et d'extraordinaire. Son objectif et tout autre et très précis : Engendrer des fils de l'homme. Il destine précisément ceux-là à faire l'exode de la créature, du premier homme, à ne plus dépendre de ces dominations. Or, ce but sera atteint lorsque **seulement** la dernière et plus parfaite des lois sera abolie : la mort. Lorsque donc tous les fils de l'homme seront entrés dans la résurrection. Et lorsque le christ aura atteint ce but, son règne sera accompli !

Il prendra fin. Car qui voudrait encore d'un amour légalisé, autorisé selon une autorité, et cela pour l'éternité ? Cela, ce n'est pas l'amour.

Bref, je ne crois pas que ce blog soit vraiment le lieu pour un tel développement dans le détail ; bien que je sache que le risque en étant trop court pour synthétiser est aussi celui d'être mal lu. Je m'arrête pourtant là en laissant ce passage de Jacques Ellul. Il me permit de réfléchir puis de remettre en question la théologie voulant faire du royaume des cieux un règne éternel de l'obéissance, à l'image de la soumission et de l'adoration qu'ont les hommes ici-bas pour des vérités qu'ils croient éternelles. Voici donc le texte d'Ellul :

> Mais il se pose ici un problème de traduction. Le texte grec dit exclusivement : « Le Seigneur notre Dieu, le Tout-Puissant, a régné. » Cette formule paraît impossible aux traducteurs. En effet tous pensent que Dieu continue à régner..., ce qui est évident. On modifie alors le texte en écrivant : *a assumé le règne, a établi son règne, a manifesté son règne, a pris possession de son règne...*, ajoutant tous quelque chose qui n'est pas dans le texte. Et le pire (Stierlin) projette au futur (« règne enfin ») ce qui est au passé. Il me semble pourtant que le sens est assez clair : le Tout-Puissant (en tant que tel) a régné : ce règne, c'est, on vient de le voir, le jugement et la condamnation des puissances historiques. C'est là, à ce moment, que le règne a éclaté, a eu lieu, comme règne royal. Et ce qui se substitue maintenant au règne, c'est le mariage. Une autre relation, radicalement nouvelle s'établit : le Seigneur a régné en tant que Tout-Puissant et maintenant il devient l'Époux.
> (*Commentaire de l'Apocalypse*, chp. 8, Doxologie.) !

3ᵉ intervenant • À la lecture de ton long post Akklésia, je constate que tu n'es pas arrivé à préciser davantage ta pensée concernant la fin du règne de Dieu. Ton interprétation particulière de Apoc 19⁶, ne semble donc pas appuyée sur d'autres passages bibliques. J'ai eu l'occasion cet après-midi de parler de ce passage avec des personnes beaucoup plus expertes que moi dans le grec ancien et qui m'ont fait remarquer que l'aoriste employé dans ce verset ne préjugeait absolument pas de la fin du règne de Dieu, mais parlait simplement de ce qu'il était parfaitement accompli dans le passé.

Pour résumer, cette parole d'Apoc 19⁶ serait la conclusion de la Prière du Seigneur : « que ton Règne s'établisse sur la terre comme au Ciel » (Mat 6¹⁰).

Il viendra un jour en effet où le Règne de Dieu sera établi « sur la terre comme au ciel » et où l'on pourra donc en parler au passé, car il sera totalement accompli. Mais ça ne préjuge absolument pas que Dieu arrêterait de régner pour autant ! D'autant plus que l'Écriture nous en parle comme un Dieu hors du temps et qui règne éternellement (Ps 29¹⁰ ; 146¹⁰).

C'est un peu comme si tu m'entendais dire : « j'ai mangé » et que tu en conclurais abusivement que je ne mangerai plus jamais... Il est préférable d'éviter de se lancer dans des conclusions outrancières avant d'avoir recherché si le concept que l'on met en avant existe vraiment dans les Saintes Écritures...

Akklésia — *Réponse censurée, puis ayant fini par un bannissement.*

Je vois que tu ne me lis pas, car n'ai-je pas dit que : « Ne prendre qu'un seul verset pour appuyer l'ensemble serait une grave erreur. [...] nous devrions donc retrouver en quelque sorte **le fil conducteur** de ce propos de l'Apocalypse partout dans la Bible.» Puis: «Je ne crois pas que ce blog soit vraiment le lieu pour un tel développement dans le détail; bien que je sache que le risque en étant trop court pour synthétiser est aussi celui d'être mal lu.»

Soit donc, lorsque tu me reproches de ne pas m'appuyer sur d'autres passages, tu me reproches une chose que j'avais anticipée. Si tu m'avais lu, tu ne m'aurais pas fait ce reproche, mais tu m'aurais proposé une solution pour un lieu où discuter dans le détail. Sinon, il te faut accepter ta frustration. En réalité, c'est à toi de chercher toutes les références bibliques que sous-tend ma synthèse. J'ai mis en exergue un fil conducteur, à toi d'avoir l'intelligence de le retrouver dans ta bible. Il apparaît donc qu'il est vain de dialoguer avec toi. Car il semble que tu veuilles avoir raison à tout prix, de peur qu'en cherchant par toi-même l'indication qui t'est proposée tu doives mettre en question tes dogmes éternels.

De plus, tu remercieras tes experts en grec puisqu'ils confirment mes dires: «l'aoriste employé dans ce verset [...] parle simplement de ce que le règne était parfaitement accompli dans le passé». Aussi appuient-ils la traduction d'Ellul: «Il a régné».

Ce qui diffère ensuite entre nous, c'est l'interprétation de cette nouvelle traduction, qui n'est plus le fait de faire du grec, de l'esquimau ou de connaître le cosinus du dogme, mais simplement d'**interpréter**. C'est autre chose! Car cela signifie d'écouter le murmure. Le reproche fait aux théologiens est donc juste. Ne comprenant pas un texte, et le trouvant aberrant, ils ne le traduisent pas comme tel, mais ils l'interprètent d'abord, selon leurs vues, puis imposent leur interprétation dans leur traduction, au nom de leur science des langues. C'est de la **subversion**! Qu'ils traduisent, on ne leur demande que cela. S'ils veulent interpréter, qu'ils éditent des livres et assument leurs interprétations sans la cacher dans l'écriture. Malheur à eux!

Finalement, ton interprétation est tirée par les cheveux, tant tu cherches à faire dire qu'**une chose passée est éternelle**. En somme, à dire que la mort est la vie. C'est ce qu'on appelle nous faire prendre des vessies pour des lanternes.

« Qu'il soit passé signifie qu'il est accompli dans le passé », dis-tu. Cela s'appelle une tautologie. Et tu rajoutes : « Cela ne signifie pas la fin du règne ». Ah bon ? Il est passé, mais non fini ? Oui, dis-tu : « Le règne de Dieu viendra lorsqu'il sera établi "sur la terre comme au ciel", le jour où l'on pourra donc en parler au passé, car il sera présentement accompli. » Oups... et c'est moi qui gnose!

Ainsi donc, tu prétends qu'un bien-aimé a annoncé ses épousailles à sa fiancée, et qu'en attente des noces il combat et règne dans l'ici-bas où demeure encore sa future épouse. Et cela, afin de la garder des voleurs, des violents et de ses propres imperfections. **C'est exact** selon moi. Je le dis aussi. Enfin, en entrant dans sa résurrection, la fiancée entre dans les noces pour devenir épouse. Elle entre dans la maturité. Elle s'incarne dans un corps, cette fois incorruptible, où l'époux ne trouve rien de répréhensible en elle, et aussi dans une réalité autre où n'existent plus ni voleurs ni violents. Ce qui signifie que l'un et l'autre consomment leurs épousailles! Plus rien ne les sépare. **C'est exact** selon moi, je le dis aussi.

Et à ce moment, toi, tu arrives dans la salle des noces et tu dis : « **Oui mais, l'époux continue de régner dans la réalité de son épouse.** Il faut donc qu'il la protège encore des violents, de la tentation du péché, qu'il la convainque encore de ses imperfections, qu'il la sanctifie toujours, et qu'il ne cesse de la conduire vers ce qu'elle doit faire et ce qu'elle doit être ». Comme si elle n'était pas accomplie, somme toute. Faudrait savoir ! Je croyais « qu'il n'y aura plus ni deuil, ni cri, ni douleur dans le monde-à-venir, car les premières choses ont disparu. » Je croyais que « les chiens, les enchanteurs, les impudiques, les meurtriers, les idolâtres, et quiconque aime et pratique le mensonge n'y ont pas accès. » Sur quoi Dieu va-t-il régner ? De quoi et de qui va-t-il donc protéger son épouse ? Et dans quelle usine de travail va-t-il l'envoyer trimer ? Car les fils de l'homme n'auront plus là-bas la nécessité de travailler pour vivre.

Voici ce qu'il en est pour toi en réalité. Ta vision de Dieu est, si ce n'est machiste, carrément **outrageante pour Dieu**. Il fait entrer des hommes dans une autre réalité, non pour les aimer et les rendre semblables à lui, leur donnant l'infini des possibles et la pleine liberté. Mais il les fait entrer pour qu'ils soient ses larbins sur lesquels il règne ; pour qu'ils accomplissent je ne sais quelle tâche dont Lui, Dieu, aurait besoin. Il ne faut donc pas parler d'une épouse selon toi, mais de concubines, voire d'un harem, ou encore de **bonniches**.

Concernant ta tentative de métaphore. Je cite : « *Ça ne préjuge absolument pas que Dieu arrêterait de régner. C'est un peu comme si tu m'entendais dire : "j'ai mangé" et que tu en conclurais abusivement que je ne mangerai plus jamais...* »

Cette métaphore est légère. Pourquoi ? Parce que l'homme n'est pas un repas de Dieu. Si Dieu **a cessé de régner sur nous**, s'il a accompli son règne, c'est parce qu'il nous aura délivrés, qu'il nous aura conduits hors de la prison terrestre, hors des nécessités menaçantes : vers le royaume des cieux et sa liberté. Dira-t-il ensuite qu'il va **encore** régner sur nous après nous avoir précisément délivrés du joug des autorités, des rudiments du monde, des « ne prends pas, ne touche pas, ne goûte pas » ? Dieu aurait-il **faim de régner**, est-il boulimique de pouvoir ? Est-il un psychopathe ? Cela lui manque-t-il lorsqu'il ne règne plus ? Certes non ! Bien au contraire. Il ne prend pas plaisir à régner, car **Dieu n'est pas un pouvoir**. Il est un vouloir. En effet, un pouvoir ne se partage pas ; aussi est-il par définition totalitaire. Or, Dieu est infini, son pouvoir est donc ramené aux dimensions de l'infini. Or, un pouvoir qui n'a plus de limites, cela entraîne bien des choses : il peut être partagé, puis il se meut en des vouloirs infinis, et enfin il s'incarne dans l'amour. Dieu est en quelque sorte **un partageux**, et j'emploie ce terme à dessein pour qui connaît l'histoire de la Commune. C'est pourquoi Ellul a raison : « Ce qui se substitue au règne, c'est la relation d'amour. Une autre relation, radicalement nouvelle s'établit : Dieu devient un Époux ». Son règne étant fini, il nous fera entrer dans son amour, là où il n'y aura plus de règne pour nous. Tel était son projet. Et nous crierons, nous chanterons, nous sauterons de joie, car son amour sera accompli lorsqu'il dira : J'ai achevé mon règne, **aimons-nous sans obstacle désormais !**

4ᵉ et dernier intervenant • Bonjour Akklésia. La lecture de vos commentaires m'inspire 3 ou 4 questions. S'il est possible de me répondre en essayant de synthétiser votre pensée par des expressions courtes, car je dois avouer que la rédaction de vos très longues interventions n'aide pas vraiment à la compréhension de votre pensée parfois complexe : « Ce que l'on conçoit bien s'énonce clairement, et les mots pour le dire arrivent aisément. » Voici mes questions suivant vos déclarations :

1) « Le christianisme est dans son essence "anarchique" » – Qu'entendez-vous par là ?

2) « en exaltant le miraculeux on idéalise la vie chrétienne comme nous mettant à disposition une vie exempte d'échecs, d'erreurs, de souffrance et de maladies. » – Niez-vous que le miraculeux (non comme but mais comme moyen) autant que l'épreuve, participe aussi de l'œuvre divine selon qu'il est écrit : « [...] les Gédéon, Barac, Samson, Jephté, David, Samuel, et les Prophètes, qui par la foi ont combattu les Royaumes, ont exercé la justice, ont obtenu [l'effet] des promesses, ont fermé les gueules des lions, ont éteint la force du feu, sont échappés du tranchant des épées ; de malades sont devenus vigoureux ; se sont montrés forts dans la bataille, [et] ont tourné en fuite les armées des étrangers. Les femmes ont recouvré leurs morts par le moyen de la résurrection ; d'autres ont été étendus dans le tourment, ne tenant point compte d'être délivrés, afin d'obtenir la meilleure résurrection. Et d'autres ont été éprouvés par des moqueries et par des coups, par des liens, et par la prison. Ils ont été lapidés, ils ont été sciés, ils ont souffert de rudes épreuves, ils ont été mis à mort par le tranchant de l'épée, ils ont été errants çà et là, vêtus de peaux de brebis et de chèvres, réduits à la misère, affligés, tourmentés. »

3) « Aussi, n'est-il plus incarné ici-bas, n'est-il qu'Esprit. » – N'est-il pas incarné, matérialisé par le Corps des croyants, ici et maintenant ?

4) « Le royaume de dieu » – vous écrivez le mot « dieu » sans majuscule comme d'autres l'écrivent « D.ieu ». Quel en est le sens pour vous ? En vous remerciant.

Akklésia — Je ne sais si user des conseils sur l'esthétique poétique de Boileau est à propos, ce sont des conseils qui servent à l'éducation scolaire ou aux salons parisiens de jeux littéraires assemblés autour de petits fours. Faut-il que le chrétien soit conforme à son temps : Qu'« il ait la démangeaison d'entendre des choses agréables et qu'il se donne des docteurs selon ses propres désirs » ? Je vois pourtant bien des choses difficiles à comprendre chez Paul dont les seuls 12 premiers chapitres de Romains sont loin d'être clairs comme de l'eau de roche, et d'un style littéraire fait au burin ; qu'en est-il en outre de l'Apocalypse, des trois premiers chapitres de la Genèse, du Cantique, et des innombrables difficultés des pensées des prophètes ? Voyons...

Sans parler des paraboles du christ dont la pierre d'angle est la suivante : « Vous entendrez de vos oreilles, et vous ne comprendrez point ; vous regarderez de vos yeux, et vous ne verrez point. » Et pourquoi ? « Car leur cœur est insensible ; ils ont endurci leurs oreilles et fermé leurs yeux... » Le Christ ne fait que dire la chose suivante : « **Je suis difficile à comprendre**, car je ne pense pas comme vous. » C'est pourquoi la vérité est du domaine de la révélation, non d'une théologie apprise à l'école où on énonce des règles avec la clarté lumineuse de la logique. Échos repris d'ailleurs par l'auteur aux HÉBREUX : « Vous êtes lents à comprendre alors que vous devriez être des maîtres ». Aussi ne voit-on fleurir que de la littérature anglo-saxonne pragmatique et simpliste, élaborée à grands coups d'expériences spirituelles, pour ne pas dire spirites, afin surtout de ne pas mettre en question le simplisme d'une théologie de winner/loser dont l'église se vante à grands coups de théologies prêtes à l'emploi.

Nos meilleurs auteurs nous sont inconnus. C'est d'ailleurs cette recherche fainéante du « **comprendre facilement** » qui pousse le chrétien dans les églises où on lui sert les plats *McDonald's*, là où il entend « La subversion du christianisme » pour reprendre l'expression d'ELLUL. Comment pourrait-il lire le commentaire aux ROMAINS de BARTH, il décrochera à la dixième page, passant à côté de l'inspiration d'un véritable docteur du christ. BARTH, lui-même, qui disait déjà du christianisme : « Pour eux c'est tout simple, ils sont quelques milliers à parler de Dieu, et puis il y a la chrétienté avec sa Bible... ils croient que c'est tout simple ; qu'on comprenne ou pas, qu'importe, on choisit comme dans un catalogue : on trouve que ceci est beau ou que cela c'est moins beau, etc. »

1.

À propos de ma réflexion sur « l'anarchie comme essence du christianisme », je me permets tout d'abord de vous conseiller le petit livre de JACQUES ELLUL : « Anarchie et Christianisme » car le rapprochement entre le christ et l'anarchie n'est pas une nouveauté. Vous trouverez quelques extraits de cet ouvrage sur ce lien. – Qu'est-ce que l'accomplissement de la promesse ? Qu'est-ce que le Royaume des cieux ? C'est en vérité l'élaboration de relations humaines que nous nommerions ici-bas péjorativement : l'anarchie. C'est un collectif sans autorité : *an-arché*. Ainsi est l'amour lorsqu'il est accompli ; il n'a nul besoin de cadres et de lois pour le brider, chacun « se garde lui-même », à l'instar de l'affirmation de 1 JN 5[18] : « celui qui est né de Dieu se garde lui-même ».

Ainsi voyons-nous une telle relation se dessiner chez la Sulamithe, dans LE CANTIQUE DES CANTIQUES. Ses frères l'avaient destinée à la vie religieuse, à être sous la Loi : à « être gardienne des vignes » (1[6]). Puis ils se sont irrités. Car durant son cheminement celle-ci abandonna le cadre de la loi. Elle bâtit avec son dieu une relation fondée sur la foi, seul principe dans lequel l'amour trouva la liberté qu'elle et lui recherchaient. C'est ainsi que la Sulamithe finit par conclure (8[11-12]) : « Salomon (Dieu) a eu à Baal-Hamon une vigne, qu'il a donnée à des gardes ; chacun d'eux doit en apporter pour son fruit mille pièces d'argent. Ma vigne, qui est à moi, **je la garde**, ô Salomon ! À toi les mille pièces, et deux cents à ceux qui gardent le fruit ! »

Que veut dire l'auteur ? N'est-ce pas que la promesse fut d'abord confiée à une garde religieuse, c'est-à-dire au tutorat des lois morales ? Sa mission ne fut donc qu'intermédiaire, afin d'éveiller les consciences, afin de faire connaître à l'homme sa culpabilité et ses devoirs : « c'est par la loi que vient la connaissance du péché » (ROM 3[20]). Ce travail religieux coûte donc très cher en efforts, car atteindre la promesse en étant écrasé sous le joug de la conscience morale est terrible ; **c'est en vérité impossible**. Mais lorsque vint la liberté de la foi, lorsque vint le christ, l'homme reçut le pouvoir d'abandonner cette autorité : cette première domination, cette *arché* imposant ses œuvres et ses morales fut désapprouvée par le Christ : la promesse viendrait **sans cette condition**, mais par la seule volonté arbitraire de Dieu! Et l'homme fut dès lors entraîné sur les pas de la Sulamithe. Il quitta les premiers gardiens de la promesse, il brisa leur joug de fer, et ceux qui s'y accrochaient en furent irrités au point de condamner le porteur de cette bonne nouvelle. Nous voyons donc la Sulamithe, à l'instar de ceux qui aiment le Christ, entrer dans le processus de l'*an-arché*, dans le sans commandements. L'anarchie apparaît dans cet exemple comme en filigrane. Pourquoi? Afin que ceux qui « entendent ne comprennent pas et que ceux qui voient ne discernent pas » (MAT 13^{14}). Car la révélation, n'en déplaise à BOILEAU, « ne se conçoit pas bien à l'esprit logique qui est assis aux pieds des divinités du bien et du mal, aussi ne peut-elle s'énoncer clairement à ces hommes trop intelligents. » Mais pour celui à qui elle est donnée, elle est « comme la lumière du matin dont l'éclat va croissant jusqu'en plein jour » (PRO 4^{18}). Tel est le témoignage de la Sulamithe.

La Sulamithe reçut donc la promesse en elle-même. « Ma vigne, qui est à moi, je la garde », dit-elle. La promesse était désormais en elle, non plus à l'extérieur comme si elle attendait le règne terrestre d'un roi avec ses lois. Elle gardait cette promesse vivante en elle-même, de manière effective. Nul besoin d'en appeler à des professionnels religieux: **elle quitta** la tradition de ses pères. Elle cessa de suivre les conseils de ceux qu'elle appelle cependant encore *ses frères*: « elle ne consulta plus la chair et le sang » (GAL 1^{16}). Ils l'avaient encadrée par leurs antiques lois, et les prophètes lui avaient fait entrevoir la perspective d'une nouvelle relation avec Dieu, mais désormais cette promesse était accomplie! La Sulamithe l'avait touchée et avait été touchée par elle,

elle avait connu son étreinte et avait reçu son sceau : rien ne pouvait plus la retenir aux œuvres de la Loi. Cette promesse, c'est le bien-aimé donc. Elle le suivait par la foi, se languissant de lui, jour après jour, sans savoir où elle allait, mais ayant confiance en lui. Elle vivait par **la foi seule**, cherchant à le rejoindre jusque dans ses demeures : dans la résurrection. L'intimité avec son dieu avait depuis ce jour la primauté sur tout : sur le collectif comme sur la tradition avec ses autorités.

De fait obtint-elle plus de richesses que le religieux. Pourquoi ? Parce qu'elle n'avait nul besoin de travailler à la vigne, c'est-à-dire à la promesse : elle ne payait d'aucun mérite pour obtenir le fruit de la promesse. « Ma vigne est à moi », dit-elle. La promesse était **en elle**. Elle en avait les fruits simplement par l'amour qui l'unissait à son bien-aimé. Aussi pouvait-elle Lui donner tout le mérite : les 1000 pièces d'argent. Elle était sous la grâce. De plus, elle pouvait encore ajouter 200 pièces pour les donner à la loi et aux prophètes. Pourquoi ? Parce qu'elle témoigne ainsi de sa reconnaissance aux œuvres de la loi ; celle-ci reste bonne en ce qu'elle est utile à ceux qui ne sont pas encore entrés dans la foi : parce qu'elle les prépare à cela. La Sulamithe, à l'instar du Christ ne diabolise pas l'héritage de Moïse, bien au contraire. Elle reconnaît le ministère de la Loi et des prophètes – mais pour ce qu'il est **uniquement**. Comme Paul, elle reconnaît qu'il a un rôle « de tuteur et d'administrateur pour l'enfant, jusqu'au temps marqué par le père » (GAL 4²). La Sulamithe ne renia donc pas ses frères et leur attribua un mérite ; et bien qu'ils fussent irrités à son encontre, elle espérait qu'ils la rejoindrait. – **Il en est tout autrement de l'église !** Car elle reçut la grâce, puis recula : sa situation est donc dramatique. Aussi vaut-il mieux judaïser [se convertir directement au judaïsme sans passer par l'Église] que d'embrasser la grâce pour ensuite y inclure le levain de la Loi [c'est-à-dire *judaïser*].

Quoi qu'il en soit, la Sulamithe est une anarchiste. Son allégorie nous parle de la vie en Christ, et plus précisément de cette vie dans la perspective du monde-à-venir qu'est la résurrection, c'est-à-dire la liberté. De même, **être chrétien, c'est être anarchiste**, mais non sous le rapport de la réalité ! Car la réalité ne peut être transformée que par la résurrection des fils de l'homme ; c'est pourquoi cet *anarchisme-là* est respectueux du gouvernement terrestre. Mais n'attendant et n'espérant rien de lui, il l'offense plus que quiconque. En effet, alors que la réalité se nourrit de ses amis comme de ses ennemis, elle ne trouve ni l'un ni l'autre dans cet *anarchisme*, aussi n'a-t-elle que le désir de le supprimer tant la désillusion qu'il lui témoigne annonce son jugement à-venir.

2.

Concernant les miracles. Pour ne pas rallonger excessivement ma réponse, je vous invite à lire le cahier : « Le jugement des miracles » sur mon blog. – Bien entendu que « le miraculeux participe comme l'épreuve participe à l'œuvre divine ». D'ailleurs, quelle drôle de question me posez-vous là ! Bien que je voie clairement la raison pour laquelle vous la posez ; je ne m'étendrai pas là-dessus cependant. Bref, comme si une chose pouvait se produire qui ne participe pas de l'œuvre de Dieu ! Comme si des choses échappaient à Dieu ! C'est ridicule, pour ne pas dire méchant, d'oser soupçonner l'autre qu'il sous-entende que Dieu soit limité. Jamais une telle idée ne m'est venue de dire que des choses échappent à son œuvre : tout concourt ! L'épreuve et la souffrance, tout comme des circonstances exceptionnellement favorables peuvent conduire au Christ; et **de même** qu'elles peuvent en éloigner! **La question n'est pas là!** Le problème est de faire de l'épreuve ou de la souffrance une théologie, de même que de faire du miracle et de la réussite une théologie : c'est bonnet blanc et blanc bonnet. La seule théologie, c'est la foi seule dans la perspective de la résurrection. Pour le reste, **il n'y a que des cas**; et toute généralisation théologique d'un cas, ou de quelques-uns, à tous, partout et toujours, cela devient inévitablement sectaire. Or une secte n'est qu'une église ou une religion en gestation.

3.

« L'Esprit du Christ n'est-il pas incarné, matérialisé par le Corps des croyants, ici et maintenant ? » **Non! La collectivité n'est pas un être.** Tout Corps collectif est une élaboration humaine. C'est de l'homme que ce « corps » reçoit un nom et une identité ; l'homme s'en sert pour manifester telle ou telle idée « pure » et universelle qu'il nomme vérité. Mais aucun corps collectif n'est un être! Cela vaut autant pour l'Église que pour un État ou un Empire. C'est pourquoi le mot « *ekklésia*, assemblée » est dès l'origine de nature politique dans le monde grec ; de même que dans l'AT l'idée du collectif tend à l'élaboration d'un État. L'homme tente d'incarner sa vérité dans la réalité, ou encore d'enchaîner la révélation dans le cadre d'un collectif dont la mission serait de gouverner le monde : c'est *la subversion du christianisme*. En forçant la vérité à être une masse collective, il veut la faire apparaître puissante par le plus grand nombre possible, à la vue charnelle de tous. Il construit donc le divin **à son image**, comme s'il était un être obtenant la victoire par la force, par la force de la plus grande masse.

Quant à dire que le lien d'amour entre les uns et les autres peut être une manifestation de Dieu: **c'est vrai**. Cependant, on ne peut aimer que ce qu'on serre dans ses bras, et quiconque prétend aimer chaque-Un, au sein d'un peuple constitué de millions de personnes, c'est un menteur, ou un politicien, ou que sais-je encore. C'est pourquoi il est dit: « Là où deux ou trois se réunissent en mon nom, je suis au milieu d'eux » (MAT 18[20]). Non pas « là où mille ou deux mille », car mille hommes qui s'aiment, ça n'existe pas, c'est une chimère! C'est un enchantement. Ce ne sont que des mots trompeurs. Pour s'aimer en vérité et réellement, **il faut être peu**. Même sur toute une vie je doute qu'un homme puisse en aimer mille autres en vérité.

La théologie de l'église « corps du Christ », prise au pied de la lettre, **c'est une supercherie**. Il aurait fallu en rester aux paroles du Christ: « C'est en cela qu'ils connaîtront tous que pour moi vous êtes des disciples, si vous avez de l'amour les uns pour les autres » (JN 13[35]). La relation aimante entre deux ou trois évoque le Christ, mais elle l'évoque en tant qu'Être qui **se surajoute** à ces deux ou trois. Ce ne sont pas ces deux ou trois qui sont le Christ, c'est par leurs liens qu'Il se manifeste, mais de manière invisible, comme restant dans l'incognito. C'est pourquoi il est dit: « je suis au milieu d'eux », c'est-à-dire comme **un être en plus**, sans que les autres soient **en moins**. Chaque-Un existe tandis qu'un même esprit les unit. S'il n'y avait qu'un Être, où chacun ne serait qu'un bout de son corps, nous dirions que tous sont annihilés — hormis l'ego de ce dieu monstrueux! Même la mort n'a pas un tel pouvoir, car ceux qui meurent éternellement conservent encore une conscience individuelle : c'est le feu des regrets éternels avec leurs culpabilités.

Toute collectivité prétendant incarner le Christ, comme si l'heure et le lieu de sa réunion Le convoquaient, **c'est une idole**. Le concret c'est l'homme individuel. C'est pourquoi l'individu peut être sans le collectif, tandis que la collectivité ne peut être sans l'individu. Ainsi, la collectivité n'est pas le temple de dieu, l'homme seul est le temple de Dieu, et seule la passion qui unit les uns aux autres peut évoquer la vie spirituelle déposée en chaque-Un. Le corps, c'est du physique, et donner à un dieu un corps réel fait de la somme de corps physiques humains, c'est faire du divin un monstre.

Par contre, il existe sur terre des corps intellectuels, moraux et spirituels, c'est-à-dire unis par des mêmes valeurs intellectuelles, morales ou spirituelles. C'est pourquoi le corps c'est l'esprit, et s'il y a un seul corps c'est parce qu'il y a un seul esprit (ÉPH 4^4). Or, la particularité de l'esprit du christ est **unique** : « l'Esprit souffle où il veut, et on ne sait d'où il vient ni où il va. » Aussi est-il impossible de le convoquer. Sa présence n'est pas assurée parce plusieurs confessent le même credo, chantent le même cantique ou sont membres de la même association cultuelle. **On n'oblige pas l'Esprit.** Ce qui n'est pas le cas pour tout autre corps intellectuel, moral ou religieux. Une commission scientifique qui s'assemble convoque en fait l'esprit de sa science ; de même qu'une assemblée judiciaire qui se réunit convoque l'esprit de sa morale, etc. À se demander quels esprits sont présents lors de ces réunions dites chrétiennes, puisqu'elles certifient, qu'en tant que corps du Christ, son esprit **est sommé** de se manifester en tel lieu et à telle heure. Dieu aurait-il soudainement perdu la liberté qui lui est propre ? En ce cas, l'église, c'est Dieu. Le jugement de l'ekklésia est donc juste.

4·

Écrire le mot « Dieu » avec ou sans majuscule a-t-il un sens pour moi, me dites-vous. Ça n'a aucune signification, pas plus qu'écrire « Christ » ou « christ ». Je prends soin de l'esthétique typographique dans mes textes destinés au papier par contre, ainsi que dans mes pdf, et aussi dans mes articles qui demeurent sur mon blog. Les forums ont moins mon attention à ce propos, par facilité et aussi par paresse, je suppose. Prendre cette liberté, c'est aussi vilipender quelque peu une certaine sacralisation de la lettre. Je pense que l'amour et le respect pour le christ se placent ailleurs que dans la lettre et l'encre d'une majuscule. Les superstitieux sont risibles à ce propos, ceux qui aiment écrire de manière débilitante et mystique « d.ieu », et cela pour imiter l'antique judaïsme qui pense être foudroyé si par malheur il prononçait ou écrivait le nom de dieu. C'est une manière toute chrétienne de parader avec ses phylactères, de s'afficher hypocritement comme « spirituel » en écrivant « D.ieu ». Laissons donc la trompette aux stars, et cherchons le murmure !

Béatitudes
À partir des Béatitudes · Heureux les... [Matt 5]
— *Sur un blog catholique*

Le blogueur • Puisqu'on parle de l'évangile selon saint Matthieu, c'est un peu plus délicat quand même de s'appuyer sur le texte grec comme s'il était l'original !

1ᵉʳ intervenant • Ah bon ? Ce n'est pas l'original ? En même temps, personne n'a jamais vu l'hébreu, même pas les Pères de l'Église ni même saint Jérôme. Alors de là à supputer qu'il n'a jamais existé, du moins par écrit, moi, je n'hésite pas, et je suppute en grand : donnez-moi l'original hébreu attesté de l'évangile de Matthieu, je prends. Jusqu'à maintenant, on cherche toujours. Restons-en au grec, donc.

Le blogueur • Pas hébreu, mais araméen. Et certes, on ne l'a pas, mais pour cette raison aussi je préfère ne jamais m'aventurer dans des interprétations trop littéralement proches du grec, mais plutôt me référer à des passages équivalents d'un autre évangile (MARC, notamment). Ou alors, poser les réserves qui s'imposent. Enfin bref, c'est du pinaillage... mais tant qu'à pinailler, pinaillons bien...

Akklésia — Chercher l'araméen dans le texte n'est pas du pinaillage, voyons ! Mais l'ignorer est par contre une légèreté dans la lecture, pour ne pas dire plus. Les auteurs du NT étaient juifs et totalement imprégnés par la culture, le langage et l'expression juive. En cherchant la manière d'interpréter, de parler et de lire le texte qu'avaient les Juifs, nous nous rapprochons bien plus des auteurs tels que Matthieu. En voulant par contre à tout prix en faire des Grecs qu'ils n'étaient absolument pas, nous nous sommes éloignés d'eux, et, de fait, nous nous sommes éloignés de ce qu'ils nous disent à propos du Christ.

Rien que le seul mot « heureux » pose un problème, comme l'explique MARIE VIDAL, qui, elle aussi, à la manière de TRESMONTANT, va voir intelligemment dans l'hébreu. Elle accepte d'abandonner des préjugés que le temps a tellement fissurés aujourd'hui qu'il est quasiment malhonnête de ne pas en tenir compte :

> *Ashrei*, « heureux », signifie exactement : *les relations de, les avancées de, les dynamismes de...* Ainsi, contrairement à une certaine compréhension du latin ecclésiastique, « heureux » ne signifie ni félicité ni quiétude, mais démarches renouvelées à chaque instant.

Et dans la note, elle rajoute :

> André Chouraqui a puisé sa traduction « en marche » dans la Tradition séculaire de son peuple à propos de ce qu'est la vie.

— De fait, traduire le texte par « heureux » devient soudainement un peu *nian nian*, un peu infantile, quasi hindouiste dans son sous-entendu d'une béatitude inerte. Le dynamisme de la traduction « **en marche** » révèle, non pas autre chose, mais **tout son contraire** !

1ᵉʳ intervenant • [...] Se poser la question de l'araméen ou pas araméen me semble relever de l'exégèse pointue réservée à des initiés, fort utile mais franchement prise de tête pour le commun des mortels comme moi. [...] N'est-on pas en train de se prendre le chou pour rien ? Une rétroversion, même probable, intéressante, ouvrant des perspectives justes et passionnantes, reste pour moi plus douteuse qu'un texte avéré et transmis largement dans une langue qui ressemble à l'anglais d'aujourd'hui : compréhensible par tous à l'époque. La thèse d'un évangile de Matthieu écrit directement en grec ne me paraît pas du tout absurde. Après, pour conclure... j'm'en fous. Si si ! [...]

À supposer que Matthieu ait écrit directement en grec (remarquez que je reste prudent et que je ne prétends pas trancher un débat d'experts), il resterait aussi incompréhensible qu'un roman écrit par un Français pour des Français en anglais. Barbarismes en pagaille dans un anglais relativement approximatif et courant, références constantes à sa propre culture... feraient que son roman serait en grande partie inaccessible à un Anglais qui ne connaîtrait absolument rien à la France (et il louperait quelque chose, le pauvre). Le parallèle vous convient-il ?

Akklésia — Si le texte grec est bourré de fautes (ce qui est vrai), vous prenez un bâton pour vous faire battre !

Soit dit, lorsque vous retournez précédemment la chose en parlant d'« exégèse pointue réservée à des initiés mais prise de tête pour le commun des mortels », c'est tout simplement une manière de botter en touche. Car vous parlez avec facilité du grec, de St Augustin, même du paradoxe, et vous vous lancez dans le commentaire même du texte biblique... Pourquoi vous arrêter dès lors ? Il ne faut pas s'arrêter au milieu de la montagne, mais la gravir jusqu'au bout voyons ! La question de l'araméen se pose aujourd'hui bien qu'elle ne se posait pas à St Augustin pour des raisons inutiles à développer ici. — De plus, il n'est pas question d'initier le commun des mortels au grec pas plus qu'à l'araméen, mais de savoir faire évoluer la traduction avec les perspectives mises en avant avec le temps. C'est ce que fait Chouraqui, sans nous prendre la tête à nous expliquer sa méthode et son érudition de l'hébreu ; il traduit « en marche » au lieu du « heureux ». Et cette traduction change radicalement la couleur du texte, sans la compliquer, bien au contraire, **elle simplifie le texte** tout en lui donnant la profondeur qui lui manquait.

Supposons que cette traduction soit meilleure et bien plus proche de la pensée de l'auteur, c'est alors la « vision béatifique » des « heureux » qui devient soudain un truc pour « initiés et une prise de tête pour le commun des mortels » (ce qui est le cas d'ailleurs). Mais le « en marche » de Chouraqui permet au « commun », précisément, de se rapprocher du texte parce que, justement, il met en valeur la donnée pratique, concrète et non prise de tête ! L'acte de foi est bien plus proche de l'homme, a contrario de cette sorte d'ésotérisme béatifique trop loin de la vie quotidienne de milliers de croyants.

Finalement, le « heureux » est **grec** et bien grec, rappelant la critique de Nietzsche à leur propos : « ...c'est une manière courageuse de s'arrêter à la surface, au pli, à l'épiderme ; l'adoration de l'apparence, la croyance aux formes, aux sons, aux paroles, à l'Olympe tout entier de l'apparence !

Ces Grecs étaient superficiels — par profondeur ! »

La véritable question est posée par CHESTOV : « Athènes ou Jérusalem ». Or, le texte nous vient de Jérusalem, même si d'énormes efforts nous font accroire qu'il vient d'Athènes, nous qui baignons depuis notre tendre enfance dans la pensée logique des Grecs. Aujourd'hui, enfin, on retourne à la racine, mais il faut, bien sûr, dépasser nos préjugés sémites pour botter les fesses des Grecs et revenir à la manière allégorique et constamment évocatrice des prophètes hébreux dont MATTHIEU est la suite !

1er intervenant • Et si, comme souvent, la position n'était ni à droite ni à gauche, ni en haut ni en bas, ni araméenne ni grecque, mais l'union entre les deux ? Pas le dilemme « ou bien... ou bien... » mais le catholique « et... et... » ?

Je ne nie en rien l'intérêt de la traduction de CHOURAQUI. Je ne renie en rien le « heureux » supposé grec. NIETSZCHE, que j'aime beaucoup, n'est néanmoins pas mon auteur ou exégète chrétien préféré. Pas plus que PLATON et ARISTOTE, que j'aime beaucoup aussi. Si CHOURAQUI nous permet de purifier le « heureux » supposé grec en lui redonnant sa dynamique, Alléluia ! Amen de gloire au Dieu Vivant ! Je prends !

Si le décuple « heureux » si paradoxal de ce texte nous permet de comprendre que nous sommes faits pour le bonheur, mais qu'il n'est pas pour ici-bas, mais qu'il nous est promis et donné par le Seigneur dans la mesure où l'on se met en marche vers et avec lui, chouette alors, Deo gratias et tutti quanti !

Pour corriger les supposées multiples fautes du grec, il faudrait un texte mieux attesté, plus « original ». On n'en a

> pas. Et il ne faut pas oublier que c'est l'Esprit Saint l'auteur premier du texte, et que l'Esprit Saint ne parle ni hébreu, ni grec, ni araméen, ni même latin, pas plus qu'en arabe. Si si, j'vous jure ! La théologie et la tradition chrétiennes peuvent aussi nous permettre d'approfondir le texte. L'exégèse aussi. Bénis soient les exégètes !

Akklésia — « Comprendre que nous sommes faits pour le bonheur, mais qu'il n'est pas pour ici-bas, mais qu'il nous est promis et donné par le Seigneur dans la mesure où l'on se met en marche vers et avec lui... » oui !

Pour ce qui est de « l'Esprit, auteur du texte » ; là encore, ok... « mais » ! — En effet, le texte biblique ne suit pas la logique de rédaction du coran qu'on retrouve dans l'islam par exemple ; rédaction faite sous une espèce de dictée ésotérique où l'écrivain est quasi possédé ! Nous le savons, Dieu ne possède pas mais **chemine** ! Aussi, le texte est-il « originé en Dieu », lequel inspira les hommes qu'il choisit, mais tout en étant avec eux, non en les utilisant comme de vulgaires machines à écrire ou des bandes magnétiques enregistreuses. Dieu était avec eux, tenant compte de leur humanité, tenant compte du contexte de leur vie, de leur cursus, de leur culture, de leurs talents comme de leurs faiblesses... Et ceci nous fait du bien ! Car nous pouvons envisager que le texte ne soit pas exempt d'erreurs puisque ce sont des hommes comme nous qui l'ont mis en forme ; et, paradoxalement, nous pouvons nous reposer sur le fait que le sens vers lequel il nous invite ne ratera pas sa cible puisque le souffle l'inspire. Ainsi, Dieu nous dit-il : « En marche, **questionne** le texte, interroge, remets-le en question — interprète, tu interpréteras ! » Il n'est d'aventure plus profonde, plus difficile, plus riche, plus exaltante que d'écouter et de sans cesse découvrir une parole née dans le mystère de Dieu, et qui, précisément, devient vivante, lorsqu'elle trouve ceux qu'elle cherche : les hommes de l'audace qui l'interpréteront, la questionneront et ne la laisseront jamais se faner en se figeant dans les tables de pierre. La parole aime même ceux qui doutent honnêtement, car il n'est de véritable « foi qui ne soit au prix du doute », pour reprendre le mot d'ELLUL.

1er intervenant • Permettez-moi de vous renvoyer au Dei Verbum 11.[1]

Dans ce texte, il y a à la fois la négation d'une dictée stricte, c'est-à-dire du sens coranique de l'inspiration, qui n'a jamais été le sens biblique, et à la fois la négation de toute erreur dans les Saintes Écritures, ce qui est fidèle à la plus ancienne tradition chrétienne et juive sur la question [...]

Commencer à penser que nous, aujourd'hui, nous pourrions corriger les écrits bibliques en fonction de ce que nous pensons avoir découvert aujourd'hui de leur signification, c'est la porte ouverte à toutes les fenêtres. Je ne dis pas que c'est ce que vous pensez, mais ce que vous écrivez peut le laisser croire.

[...] Interpréter, certes, il le faut : aucune possibilité de fondamentalisme pour celui qui lit la Bible (il suffit d'en lire les deux premiers chapitres pour être guéri de toute tentation fondamentaliste). Mais interpréter n'est pas corriger le texte, mais se laisser corriger par lui.

---

1 https://www.vatican.va/archive/hist_councils/ii_vatican_council/documents/vat-ii_const_19651118_dei-verbum_fr.html

> Quant au doute, je préfère ne pas utiliser ce terme-là, carrément ambigu. Je préfère utiliser le terme de questionnement. Comme disait NEWMANN : « Mille questions ne font pas un doute ! » Se poser des questions fait avancer dans l'intelligence de la foi. Douter est le contraire de croire, et ne saurait donc faire avancer dans la foi... Le doute peut donc se trouver en opposition totale avec le questionnement : la preuve en est que quelqu'un qui ne croit pas ou plus mais se pose des questions est déjà en route vers la foi, puisque le questionnement ouvre le cœur, quand le doute le ferme.

Akklésia — Interpréter, c'est corriger continuellement ! C'est corriger une interprétation fondamentaliste du texte, une interprétation **définitive** et non existentielle. C'est pourquoi on interprète le texte sans cesse, durant toute notre vie, car toute pensée divine non existentielle n'est pas propre à l'homme, mais seulement à l'esclave ; celui-ci est encore convaincu de sa servitude — il obéit à la lettre par manque de liberté et ne peut dès lors interpréter, faire vivre le souffle dans la lettre. On interprète tellement d'ailleurs, que le même texte ne dit plus la même chose dans ma vie 20 ans plus tard (à l'échelle historique, cela saute aux yeux dans les commentaires bibliques). Ainsi, le lait du biberon est une chose pour l'enfant, et le lait dans un café en est une autre pour l'adulte. Mais pour la vache, le lait reste le lait puisqu'elle est une vache et ne sera jamais libre !

« Mille questions ne font pas un doute » prétend NEWMANN ; cet homme suppose donc savoir ce qu'est un doute... permettez-moi d'en douter ! Car quiconque connaît le doute sait fort bien qu'une seule question suffit à établir le doute. Ainsi Jean le baptiste douta et posa une seule question directement au Christ : « Est-ce toi le messie ou devons-nous en attendre un autre ? »

La réponse que fit le Christ à la foule (après avoir répondu à Jean) est de plus très surprenante : « Parmi ceux nés de femmes, il n'est paru de plus grand que Jean ». De fait, Jean était plus grand que Moïse, mais, surtout, cette réponse faite à la foule doit s'entendre autrement ; en effet, la foule assista au questionnement de Jean et connaissait son emprisonnement. Aussi, faut-il plutôt entendre : « En vérité, il vous sera **impossible** de ne pas douter de moi ; voyez, cela arrive aux plus grands parmi vous. » Quiconque craint donc de douter et de questionner Dieu, comme osa le faire Le baptiste, il est fort probable qu'il veuille d'un messie du **non-scandale**. En effet, Jean fut scandaleusement décapité, lui qui avait probablement les préjugés quant au messie, à sa venue glorieuse, à la toute-puissance de Dieu... etc. Voyant l'échec, et ne saisissant pas que Dieu gagne lorsqu'il échoue, à ce moment-là, Jean douta... approfondissant alors son rapport avec Dieu.

De fait, la conviction est l'ennemi de la question ; et toute question qui ne dépasse pas un doute n'est pas une question existentielle ou spirituelle, c'est une question de mathématicien, c'est tout. Aussi ne pourrait-elle conduire à plus de foi mais seulement à plus de certitudes, de rigidité, de **conviction**. La question du mathématicien ne cherche pas la foi et l'amour, mais la preuve et la sécurité : précisément de ne plus avoir besoin de la Foi !

La conviction **n'est pas la foi** car elle ne vit pas dans un rapport humain avec Dieu ; la conviction ne surgit pas comme surgit la foi, elle qui vient à nous scandaleusement, dans la faiblesse de nos pauvres vies. La conviction naît du besoin de s'arrêter, tandis que la foi naît d'une soif de liberté, d'un désir de sortir des points d'arrêt. C'est pourquoi la liberté n'est pas respectée quand vient la conviction. La conviction n'est pas la foi, elle ne peut produire cette confiance abstraite qui lie les deux amants ; il se peut même que la conviction soit un intégrisme latent.

Jean prit la liberté de douter sans cesser d'aimer, car celui qui aime, même quand il doute, celui-ci verra sa foi grandir, parce que l'amour pour Dieu dépassera le scandale, ce scandale qui met en question cette conviction qu'il croyait être la foi ! C'est ainsi que Jean dépassa le scandale d'être décapité, lui qui avait cru, avant le nazaréen, en un messie dominateur et dominant. À deux pas du billot, il dut remettre en question une tradition millénaire qui lui avait représenté le messie, non tel le Fils de l'homme, mais tel un Zeus foudroyant par l'éclair de la conviction, par la preuve : par la force ! Ah... avoir foi, quelle **puissance souveraine**, précisément sur les certitudes des certains.

1er **intervenant** • [...] « Toute pensée divine non existentielle n'est pas propre à l'homme, mais seulement à l'esclave ». Qu'est-ce que cela veut dire ? Une pensée divine existentielle, je ne puis en avoir, puisque je ne suis pas Dieu. Pas compris. Un peu fumeux, si vous me permettez un jugement sur votre raisonnement.

Questionner/Douter. Par « questionner », j'entends « se poser des questions ». Par exemple : « Comment se fait-il que Jésus soit à la fois pleinement Dieu et pleinement homme ? », ce qui est un donné de foi auquel j'adhère, mais que je ne comprends pas forcément. Si j'y adhère par la foi, je ne doute pas... parce que doute et foi sont contraires.

[...] Votre interprétation du passage de Jean questionnant – par envoyés interposés – Jésus est pour moi précisément une interprétation, et, me semble-t-il, une interprétation erronée. Ce qui est dit dans le texte, c'est que Jean pose une question. Il n'est dit nulle part que Jean doute. Pour ma part, je suis convaincu que Jean ne doute pas : au contraire, il croit que Jésus est réellement le Messie, mais il ne comprend pas comment il agit. Alors il pose la question, et il a sa réponse par Jésus qui le renvoie au prophète Isaïe, n'annonçant pas qu'un Messie triomphant, mais annonçant en revanche ce que Jésus fait : des guérisons de tous types. Et Jean croit, plus fort de sa réponse. Interprétation diamétralement opposée de la vôtre, mais la clé est anthropologique.

Akklésia — Ainsi, devant le mot de Jean : « Es-tu celui qui doit venir ou devons-nous en attendre un autre »... affirmer qu'il ne douta pas, permettez-moi – sans offense aucune sur votre personne – mais c'est être malhonnête intellectuellement. Il faut tirer sur le texte à le casser et le brûler pour soutenir cela... oui, ça c'est fumeux ! Jean douta, de même que David fut adultère, de même que Moïse tua, de même que Jacob trompa, etc., etc., etc. Voici enfin des gens spirituels, MAIS, comme nous ; humains, faibles, pris par le doute... ET, qui aimaient Dieu. C'est pour cela qu'ils dépassèrent cette faible humanité charnelle. Lorsque le mystère est trop profond, tel que la divinité du Christ dont vous parlez, bien qu'il fut humain à la perfection, ces hommes se réfugièrent alors dans les ténèbres de la foi. Là où ne peut venir la lumière de la raison, laquelle explique tout, comprend tout et pense orgueilleusement pouvoir expliquer la liberté de Dieu que rien n'impose pourtant! Qu'il est doux d'avoir foi, **de ne pas avoir à expliquer et à se justifier**... à expliquer et se justifier d'aimer!

Dieu, c'est l'homme, ou plutôt, nous ne savons ce qu'est l'homme, ou plutôt ce que signifie être fils de l'homme, être celui qui vient, le second, celui qui naît après être déjà né... Naître, non de la glaise mais d'un souffle. De même disait DOSTOÏESVKY à son frère: «Je n'ai qu'une visée: être libre. J'y sacrifie tout. Mais souvent, souvent, je pense à ce que m'apportera la liberté... Que ferai-je, seul parmi la foule inconnue? [...] Je suis sûr de moi. L'homme est un mystère. Il faut l'élucider et si tu passes à cela ta vie entière, ne dis pas que tu as perdu ton temps; je m'occupe de ce mystère car je veux être un homme.»

Existentiel, oui, à rapprocher, bien sûr, de l'existentialisme. Je lis et ne relis qu'une chose, toujours la même: Dieu ne pense pas en dehors de l'existentialisme quand il parle à l'homme dans la passion qu'il tient pour lui. Et une pensée non fondée sur l'idée que l'autre doit exister (*existere*), qu'il doit sortir, qu'il doit être ce qu'il est, lui seul, un nom unique, un être particulier, etc.; voici donc une pensée toute contraire à l'Esprit; une pensée toute mondaine, toute raisonnable... À savoir, une Généralité! On obéit à une généralité qui vaut pour tous, partout et toujours. De fait est-elle **contre** l'Unique, contre l'existence d'un être particulier, contre la sortie du général, contre l'affirmation de notre liberté. Mais la généralité est sécurisante puisque l'homme a honte de sa nudité, de sa liberté! La généralité, c'est une pensée mathématique dans l'absolu, et sous un rapport de vie, d'existence donc, c'est une pensée destinée à celui qui doit obéir d'abord, même s'il doit crucifier sa liberté — c'est-à-dire pécher en choisissant entre 2 données théoriques qu'il trouve sur l'arbre de la connaissance du bien et du mal.

C'est donc une pensée pour l'enfant, ce qui est ici normal puisqu'il faut d'abord obéir et prendre conscience pour être ensuite assoiffé de liberté et Sortir. Mais pour l'adulte, c'est une faute, car en ce cas on a l'esclave, même si l'esclavage de nos jours est tout empreint de politesse, tant il aime se dissimuler derrière la raison : **le diabolique est un grand poli !**

1er **intervenant** • Cher ami, tant que vous ne reconnaîtrez pas que poser une question n'implique pas NÉCESSAIREMENT le doute, mon interprétation vous semblera malhonnête. La clé est là. Je la maintiens, sans casser le texte (puisque nous lisons le même) ni le tirer à moi : il n'y a rien qui permette d'affirmer que Jean doute, sauf si douter est identique à poser des questions. C'est bien la clé.

Permettez-moi de vous poser une question : pourquoi pensez-vous tant de choses en opposition ? Pourquoi tant de MAIS en majuscules ? « Enfin ! des gens spirituels, MAIS comme nous ; humains, faibles, pris par le doute... MAIS, ils aimaient Dieu, et c'est pour cela qu'ils dépassèrent cette faible humanité charnelle. » Et si vous remplaciez ces MAIS par des ET ?

On retrouve la même pensée dans votre manière d'opposer pensée existentielle et pensée essentielle (oui, c'est comme cela que je traduis).

Oui, les pensées existentialistes et essentialistes sont opposées, puisque l'une pense tellement l'existence qu'elle en oublie l'essence, quand l'autre pense tellement l'essence qu'elle en oublie l'existence. Dans l'un comme l'autre cas, il y a amputation de la pensée, et la pensée boite forcément : comment penser l'acte d'exister sans un « quid » qui existe ? Comment penser une essence si on ne pense pas un existant ? L'essence n'existe pas réellement (sauf en Dieu, et encore faut-il penser l'essence différemment de toute essence créée, ce qui explose les cadres de l'intellect humain), tandis que l'acte d'exister est toujours celui d'une « essence existante », c'est-à-dire d'une substance.

Pour penser, « intelliger », on a besoin des deux : de l'essence, qui est de l'ordre général, et de l'exister, qui est de l'ordre singulier. Penser l'un sans l'autre, c'est cesser de penser le réel. « Distinguer pour mieux unir », comme disait MARITAIN. Et ma pensée sur la question vient notamment de l'excellent livre de GILSON, *L'être et l'essence*, passionnant.

Akklésia — Je n'oppose pourtant pas, comme vous le dites, « pensée existentielle et pensée essentielle ». L'essence est d'ailleurs un terme que je n'ai pas utilisé, c'est pourquoi vous faites bien de rajouter concernant mon propos : « c'est comme cela que je traduis ». Permettez-moi aussi de vous traduire, car il semble que vous assimilez l'idée d'existence (donc d'existentialisme) à une notion de pragmatisme, à l'acte d'exister, que vous mettez donc en vis-à-vis de la racine de l'existence que vous appelez l'essence. Jusque-là, le raisonnement binaire se tient et reste somme toute très banal.

MAIS, il semble que je me fasse mal comprendre... il faut dire que l'existentialisme et KIERKEGAARD ne sont plus lus, c'est pourquoi nombre de penseurs en font une notion un peu anoblie du bon vieux pragmatisme. C'est une erreur, non pas grossière, mais simplement de ne pas avoir cherché ce qu'il pouvait signifier chez KIERKEGAARD. Quant à SARTRE ou CAMUS, étant sans-dieux, ils en ont fait ce que nous savons, et là, ce n'est plus le fait de ne l'avoir pas lu je suppose, ce n'est que de la vulgaire hypocrisie chez eux.

Voyez-vous, lorsque je prétends que tout propos divin est existentiel, je prétends qu'il n'est pas de différence entre Être et Essence en Lui, qui est UN. C'est pourquoi, et c'est allégorique : le présent n'existe pas dans l'hébreu biblique. Le « Je suis » n'existe pas, c'est une **supercherie**, car la réponse faite à Moïse est précisément qu'il n'y a pas de généralité en Dieu ! Il n'y a pas de choses fixes dont l'essence serait statufiée, éternelle, un présent éternel et impossible à modifier, comme une règle mathématique par exemple, comme tout ce qui prétend à la généralité pour tous, partout et toujours.

Ainsi, il n'y a pas de Nom divin qu'on pourrait s'accaparer. **Moïse est repris et corrigé**, c'est sévère. Dieu, il est toujours un devenir. Il est la Vie. C'est cela l'existentialisme : « Je ne suis pas ceci ou cela pour l'éternité » répond Dieu à Moïse, « Je n'ai pas de nom ; tu ne peux me posséder comme on possède une vérité générale. Je serai ce que je serai, ou : Je vis ce que je suis et c'est ce que je suis que je vis. Aussi, ne sait-on ce que je serai demain, car je ne rends compte à aucune essence générale, à aucune vérité établie à jamais de ce que je serai et de ce que j'ai été. Je suis libre, à l'infini. Seule ma promesse est tenue lorsque je l'ai donnée. Je la tiens toujours, même lorsque les temps et les circonstances semblent dire l'inverse, et cela, afin que seul le rapport de foi s'établisse avec moi, non pas un rapport où il suffirait de m'obéir comme à une généralité. Si toutes les généralités proviennent de moi, **elles ne sont pas moi**; elles ne sont que mon ombre! C'est pourquoi elles seront un jour abolies et jugées, car elles soumettent injustement les hommes, elles contraignent ce don de la liberté que je leur fais, ce don qui, lui, provient de mon esprit, non de mon ombre. Cela se fera lorsque j'apparaîtrais à chaque-un. »

Il serait donc totalement faux de dire à propos de Dieu « que ce qu'il est, c'est de l'ordre général, et que ce qu'il fait, c'est de l'ordre de l'existence ».

Mais d'où vient le général, d'où vient la vérité éternelle qu'on impose et qui se dit immodifiable? Cette vérité vient de la nécessité pour l'enfant de trouver une sorte de sécurité devant un maître du général. Puis, quand il sera grand, quand il voudra imiter son Père et embrasser sa liberté, il s'opposera à la généralité, disant aux anges (qui sont des généralités, n'étant pas libres), à l'instar de son Père : « Ainsi je veux, ainsi j'ordonne, que ma volonté tienne lieu de raison » (JUVÉNAL).

En somme, vous êtes en train de me ramener à l'arbre binaire quand je tente de vous amener à l'autre arbre. Puis vous essayez de comprendre, au pied de l'arbre des dualités ce qui ne peut être vu qu'à la cime de l'autre arbre où je m'efforce d'être. Ce n'est pas une histoire de perspective cela. Car il est vrai qu'au pied des dualités, les perspectives sont **légions**, et se valent toutes d'ailleurs, MAIS, il en est autrement lorsque la vie n'est plus comprise selon la dualité du bien et du mal, lorsque Dieu est au-delà. Lorsqu'on commence à chercher Dieu au-delà du bien même.

1er intervenant • [...] Je suis d'accord aussi pour dire que, quand on pense Dieu, ces dualités implosent. Bref, je ne pense pas aller beaucoup plus loin dans le débat, pourtant intéressant : ce n'est ni le lieu, ni le moyen le plus approprié, et je n'ai guère le temps.

🖋

...AUJOURD'HUI (2023)

Sur le sujet des Écritures, abordé au début de cet échange, la position d'Akklésia a considérablement évolué justifiant le présent **AJOUT EXPLICATIF**.

En effet, l'époque de ce dialogue correspond à l'étude que nous faisions des hypothèses de l'abbé JEAN CARMIGNAC et du théologien et hébraïsant CLAUDE TRESMONTANT. Tous deux défendaient l'idée d'une écriture des Évangiles et de l'Apocalypse en langue sémitique, tandis que la traduction grecque aurait été faite par la suite. Ils se considéraient comme faisant partie d'une lignée importante de théologiens qui dans l'Histoire avaient abondamment défendu cette thèse. CARMIGNAC en parle notamment dans *La Naissance des Évangiles synoptiques*. De là en sommes-nous venus à l'étude de MARIE VIDAL dans *Un Juif nommé Jésus* puisque nous reprenons ses propos dans cet échange. Il faut savoir que MARIE VIDAL défend en vérité l'idée que « le christianisme est une propédeutique de la tôrah » ; c'est-à-dire une préparation pour se convertir au judaïsme ! Oups !

Nous sommes en absolu désaccord avec cette judaïsation de la foi chrétienne qui est d'ailleurs de plus en plus en vogue, et, entre autres études, nous avons poursuivi nos recherches sur les origines du texte des évangiles.

Soit donc, la démarche akklésiastique **commence** par une Première critique des axes dogmatiques suivants : le sacrifice expiatoire d'un Christ davidique habillé de la tôrah ; le *corpus christi* d'une Église-peuple-élue à dimension politique ; la spiritualisation de la morale et la définition d'un mal angélique et satanique ; la résolution de l'incarnation du Christ par la supercherie de la Trinité. Le programme est ici énorme et entraîne bien sûr vers d'autres remises en question telles que : la sacralisation de la Bible et l'inspiration du texte, le péché, la raison et la foi, la prédestination et la liberté, la conversion, la fraternité, le diabolique, l'enfer, le royaume de Dieu, etc. J'affirme aujourd'hui que cette première et longue démarche correspond au fait d'avoir un pied hors de l'Église et un autre encore en train d'en sortir. Ce n'est pas la maturité, bien qu'à l'époque nous n'en avions pas conscience et pensions au contraire ne pas avoir d'autres terres à découvrir, bien que nous pensions alors avoir atteint une certaine maturité.

Et c'est dans ce contexte qu'ont lieu ces échanges. C'est dans ce contexte, hélas, que nous défendions l'idée que les « auteurs du NT sont juifs, totalement imprégnés par la culture, le langage et l'expression juive » et qu'il faut par conséquent *s'imprégner de judaïsme pour être éclairé*. C'est là une démarche fort dangereuse et une promiscuité avec le feu qui heureusement ne nous a pas fait chuter avec les judaïsants. C'est pourquoi, en réalité, la traduction du

« Heureux » n'est pas si... malheureuse. Le commentaire qu'en fait l'interlocuteur de cet échange nous apparaît aujourd'hui dans toute sa pertinence :

> [...] le décuple «heureux» [...] nous permet de comprendre que nous sommes faits pour le bonheur, mais qu'il n'est pas pour ici-bas, mais qu'il nous est promis et donné par le Seigneur dans la mesure où l'on se met en marche vers et avec lui [...]

Bref, une bonne dizaine d'années sont passées depuis. Années difficiles. Mais nous ne regrettons rien du cheminement dont témoignent ces échanges. Cependant. Nous pouvons dire, aujourd'hui et seulement aujourd'hui, que l'*Akklésia est arrivée à maturité* : que nos pieds sont enfin tous les deux sortis de l'Église! C'est-à-dire. Le **premier scandale** de critique des axes dogmatiques principaux cités plus haut n'est rien... par rapport au **scandale qui vient**! Nous en avons nous-mêmes été extrêmement surpris. Puis, le premier choc passé, l'Évangile et l'incarnation de Dieu sont devenus un véritable nectar. La dignité de porter le nom de «bonne nouvelle» est acquise. Nous espérons avoir bientôt l'opportunité de partager cette maturité akklésiastique avec vous ; nous espérons que ce magnifique scandale de la maturité akklésiastique fera aussi votre délice.

Père ou Fils
Contre les Témoins de Jéhovah

Le texte qui suit se présente sous forme de réponse à un internaute lors d'un échange sur un forum protestant. Une observation a été faite concernant mon commentaire biblique «*Au commencement · À partir de Jean 1*[1]» [publié dans le Tome 1 des Écrits akklésiastiques, *Généalogie des Fils de l'homme*] ; et plus précisément sur le propos suivant que je tiens dès le début : «En effet, l'intention de l'auteur est pourtant claire, et il faut avoir l'esprit tordu pour ne pas admettre qu'il nous dise que Dieu et le Christ sont un-seul être...»

À cela, un internaute, ayant probablement un lien plus ou moins lointain avec l'Église des Témoins de Jéhovah, me fit la remarque suivante :

Commentateur • Là où je n'abonde pas dans cette transcription, c'est de faire du Père et du Fils un seul être. L'Écriture utilise ailleurs le même langage sans pour autant parler d'un seul être ou d'une seule entité. Par exemple :

- L'homme et la femme mariés sont une seule chair, or ils ne sont pas un seul être.

- L'ensemble de ceux qui croient en Christ sont UN, or ils ne sont pas un seul être.

> – Un croyant est avec Christ un seul esprit et ils ne sont pas un seul être, etc.
>
> Voyez-vous, ces phrases stéréotypées et profondément dogmatiques, faisant l'amalgame du Père et du Fils, sont déjà bannies depuis bien longtemps de mon cœur et de mon langage, de même que j'ai banni les concepts de la trinité, du péché originel, de la prédestination par voie de naissance au salut...

Ma réponse à ce propos fut l'opportunité du texte ci-dessous.

🍃

Il est vrai que le narrateur de l'Évangile **semble** clairement distinguer deux personnages lorsqu'il parle, d'une part, du personnage historique qu'est Jésus, et d'autre part, d'un personnage anhistorique nommé *le Père*, celui auquel on est alors tenté d'attribuer l'exclusivité d'être Dieu. Je vous accorde, qu'en toute logique, si le texte en restait là, réunir en un seul être ces deux visages serait ridicule. Or, voici que précisément d'autres passages nous induisent à le faire ; c'est-à-dire que l'auteur **semble** continuellement se contredire, dissociant parfois nettement les deux personnages, puis ailleurs les assimilant totalement en faisant de Jésus l'égal de Dieu. Ainsi naît l'ambiguïté, et avec elle deux groupes de lecteurs qui depuis toujours s'opposent. Chacun a des arguments non négligeables, et vous-même en utilisez un : *l'unité entre deux êtres n'est pas obligatoirement l'unicité de ces deux êtres en un seul être...* Ce qui est vrai. L'autre parti a toutefois

des arguments également prégnants. Il s'ensuit que chaque
« preuve » contradictoire qu'apportent les uns ou les autres
ajoute nœud sur nœud à leur dispute, laquelle, finalement,
en devient aussi ennuyeuse que sempiternelle.

Je n'entrerai donc pas dans la discussion de cette manière,
ce serait inutile. Lorsqu'il s'agit de Dieu, de *penser* on en
vient vite à *opinioner*; puis on entre dans le pathétique. On
habille une opinion de façon impérieuse et clownesque tout
comme une religion scénarise ses cérémonies ; l'opinion se
mue alors en dogme qu'il est interdit de discuter. Ainsi bascule généralement le conflit dont il est question ici ; chacun y va en réalité du même argument : **l'autorité** de son
propre dogme qu'il fonde sur une récitation de versets. On
refuse donc à l'autre de lire différemment le même passage,
c'est-à-dire de le questionner. En ce qui me concerne, mon
prochain peut fort bien brandir la même Bible que moi, dès
l'instant où il m'interdit de la lire autrement que lui, je ne
vois plus un livre entre ses mains, mais la crosse d'un petit
tyran. Néanmoins, je crois indispensable de rappeler la question qui anime le présent débat : **Où se trouve la limite existentielle distinguant *le père* et *le fils* ; laquelle limite, dit-on, nécessairement existe puisque l'Évangile attribue à l'un et à l'autre un nom bien défini.**

J'affirme que la question posée ainsi est une fausse question
et une hypocrisie habillée de théologie — la véritable difficulté se cache dessous ! Et c'est en elle que se trouve réellement votre inquiétude. C'est cette peur commune à toutes les
religions et les philosophies, et même à la science — à savoir
que **la vérité dernière se matérialise**. Et pour la contourner,
en bon religieux vous noyez le poisson en concentrant toute

l'attention sur les termes de *père* et de *fils* que la narration biblique nous présente. Et tandis que l'auteur utilise ces deux vocables pour suggérer de Dieu l'inexplicable, vous les prenez à **la lettre**; puis vous tracez une limite existentielle au Christ qu'il ne peut dépasser, lui interdisant ainsi d'exister en tant que Père. Ainsi concluez-vous à deux êtres bien distincts selon une logique fort ordinaire; vous avez confortablement assis la raison. En vérité, vous évacuez de Dieu le paradoxe, lequel paradoxe serait, selon vous, un méprisable « amalgame et un stéréotype ».

De qui vous moquez-vous? L'amalgame consiste à penser le divin tel que vous le faites, c'est-à-dire humainement, avec la raison, de sorte qu'il soit ainsi qu'on l'a toujours pensé — un personnage d'abord bien défini dans un espace, puis que l'on identifie au concept d'éternité. Tantôt dans un espace transcendant, il est une force céleste; tantôt dans un espace immanent, il est la gnose cachée de la Nature; mais qu'il soit ici ou là, mis en image ou non, mythifié ou mathématisé, jamais il n'échappe à notre idée de l'éternité qui l'enserre jusqu'à lui en faire porter le nom: l'*Éternel*. Ainsi est-il toujours à l'image de cette éternité logique que l'intelligence nous offre; il est l'immobilité du temps (cf. PLATON): **Dieu doit être invariant, sans changement et demeurant en un lieu de même nature.** Ainsi parle la « vertueuse » raison, et telle est aussi votre démarche. Vous placez Dieu dans les cieux d'une immuable éternité en l'identifiant à un *père* incorporel et immatériel, mais vous refusez au *fils* cette nature parce que lui eut l'audace de s'incarner, parce que sa **matérialité**, sa mobilité dans le temps et l'espace l'exclut du concept traditionnel que notre petite cervelle d'homme a du divin. Votre **amalgame** avec la logique dans une image **stéréotypée** de la divinité est d'une banalité millénaire.

Pareillement, le dogme de la Trinité est une tentative d'amalgamer la divinité avec la raison dans ce même stéréotype. Partant du paradoxe *du Père et du Fils*, le théologien a essayé de l'évacuer en inventant trois dieux, unis, mais distincts : l'un est un humanoïde, corporel, mouvant, inférieur, encore limité et toujours obéissant ; le second est un pur esprit permettant de mettre le premier en contact avec le troisième ; et le troisième est précisément l'être céleste supérieur, invariant, incorporel et Directeur — le Dieu familier du monothéisme traditionnel dont vous nous parlez. Cette tentative de *monothéisme polythéiste* a certes le défaut d'être alambiquée, mais elle a toutefois l'avantage sur les monothéismes plus simples de votre catégorie : elle est ouverte aux autres divinités et croyances puisqu'**elle inclut elle-même leurs concepts**. La Trinité est en effet immanente avec *le fils* ; mystique avec *l'esprit* ; et dans la toute-puissance céleste avec *le père*. Elle est prodigieusement babylonienne, c'est-à-dire œcuménique ; mais elle reste, elle aussi, incapable avec vous de faire du *fils* et du *père* un seul être. Elle refuse ce paradoxe et en cela la Trinité vous est fraternelle.

Ne voyez-vous pas que la narration évangélique ne peut échapper, et s'oblige, malgré elle, à nous proposer les deux termes de *père* et de *fils* ?

L'Évangile n'est-il pas en effet historique ? N'a-t-il pas été rédigé sur cette terre où nous nous tenons actuellement, celle où se tint le Christ dont il raconte l'histoire terrestre ? Le narrateur nous montre donc la main gauche du Christ, sa main *historique* insérée dans le temps, mais sans nous révéler sa droite *anhistorique* qui échappe au temps. Il ne peut en quelque sorte écrire avec deux plumes et simultanément de ses deux mains, rédigeant à chaque page de son Évangile un double de la même page; décrivant d'un œil telle scène du Fils dans l'Histoire, tandis que de l'autre œil un ange lui révélerait aux cieux la même scène dans ses sources, là où le Fils **dirige** l'Histoire tandis que son visage révélé est là-bas celui du Père. Il faut attendre les auteurs post-évangéliques pour voir la main droite de Dieu et le Christ être confondus (ACT 7^{55}; ROM 8^{34}; HÉB 10^{12}; 1 PIE 3^{22}). Mais l'Évangile se limite au témoignage de Dieu *dans l'Histoire*, qu'il appelle *Fils*; quant au témoignage anhistorique de Dieu où, d'acteur, il se révèle aussi *maître de l'Histoire*, le narrateur l'évoque seulement, en le nommant *Père*. Il ne refuse pas néanmoins d'articuler le lien qui unit les deux personnages, mais dans un propos qui obligatoirement crée chez nous l'ambiguïté. Pourquoi? Parce que nous sommes des êtres historiques pour qui le céleste reste caché; nous sommes *dans l'Histoire*, nous sommes «tombés dans le temps» disait CIORAN. Il s'ensuit que l'Évangile distingue parfois nettement le *père* du *fils*, ainsi qu'il sied à notre être raisonnable et historique; et tantôt il les fait un, un seul «je» et un seul être, scandalisant alors notre raison. Toutefois, comme partout dans l'Écriture, c'est le raisonnable, c'est la réalité qui tient lieu de métaphore — et **non l'inverse**! L'Histoire est la parabole d'une réalité plus réelle qu'elle, d'une réalité anhistorique qui lui échappe et d'où elle émane. C'est-à-dire que Jésus est la parabole de ce qu'il est réellement; il est sa propre parabole; il est la parabole du Père, lequel demeure encore dans la parabole. C'est-à-dire que c'est dans leur connivence *père-fils* que la parabole nous porte à son propre sommet pour qu'on puisse la dépasser ; là où Dieu apparaît, là où un seul Être est.

Faut-il penser que l'auteur de l'Évangile doutait de cela ? Est-ce à cause de son doute qu'il nous entraîne avec lui à sans cesse basculer d'une proposition à l'autre ? Faisant du *père* et du *fils* un seul être, puis reculant d'un pas pour les distinguer, et ainsi de suite... Je ne le pense pas. Bien au contraire, il s'en tient à l'esprit de l'Écriture. C'est-à-dire qu'il pose à son lecteur la même question qui se présenta à lui, lorsque jeune, il suivait le Christ qui renversait tous ses apriorist sur Dieu : « **Où commence la connivence entre les deux personnages du *père* et du *fils* ; et a-t-elle une fin ?** Faut-il chercher Dieu dans le paradoxe ou faut-il le chercher dans la logique ? C'est à ton tour lecteur de chercher Dieu et d'assumer tes propres réponses. » Certes, l'attitude logique où l'on sépare définitivement Dieu et Jésus ; ou encore, avec un peu plus de tolérance, où l'on sépare un *dieu-Père* décideur d'avec un *dieu-Fils* subordonné — voilà qui est confortable pour l'intellect. Cela permet de s'arrêter. On peut ici s'asseoir dans une pratique religieuse sans ne plus jamais revenir à la question. « De l'équation entre le divin et l'humain, on élimine l'inconnue, de telle sorte qu'il suffit de la poser pour qu'elle soit aussitôt résolue », disait ANDRÉ NEHER. *A contrario*, le choix du paradoxe n'est pas seulement *un chemin*, il est « le chemin » sur lequel s'arrêter devient une tragédie. S'arrêter signifie que Dieu a mis une limite à sa connivence avec l'homme et que personne ne peut l'outrepasser. S'arrêter signifie que Dieu est devenu condescendant. Il accepte, certes, une réconciliation avec l'homme, dans un geste royal, et de fait tolère une certaine communion avec l'humanité ; mais que l'homme reste à sa place, et que le fils aussi reste à sa place de subalterne. Soit donc, dira le divin ainsi libéré de son paradoxe par notre raison : « L'unité, oui, mais qu'elle ne soit pas sans fin ; soyons un, mais seulement jusqu'à un certain point. Que nul donc ne croie aux propos ubuesques de l'Apocalypse[1], car *nul ne s'assiéra jamais avec moi sur mon trône*, nul ne recevra jamais une liberté identique à la mienne. Il faut que tout soit en moi, que je sois en tous et que je contrôle tout. »

Entre le prophète de Galilée et Dieu existe en vérité une unité **sans fin et illimitée**. La limite que l'espace et le temps semblent tracer entre eux n'existe pas réellement. Elle est une illusion qui a surgi suite à notre cécité naturelle. En effet, quand bien même l'évangéliste croyait que Dieu s'était invité ici-bas en tant que personnage historique, les cieux ne s'étaient pas pour autant incarnés eux aussi ici-bas ; ils n'étaient pas descendus sur terre. La réalité céleste restait encore « non-mêlée » à la réalité terrestre, et le monde d'en-haut demeurait toujours invisible et inintelligible aux yeux du narrateur. À la limite, durant la courte vie du Christ, l'évangéliste a-t-il eu du monde céleste une perspective plus claire, la brève présence physique du Christ ouvrant **une brèche directe** entre les deux mondes qui jusqu'alors n'avait jamais eu lieu — d'où l'accumulation de signes et de miracles. Ainsi l'évoqua le Christ : « Vous verrez désormais le ciel ouvert et les anges de Dieu monter et descendre sur le Fils de l'homme » (Jn 1[51]). Néanmoins, il n'est question là que d'une brèche ; les cieux restaient aux cieux, la terre restait sur terre ; et pourtant, chose extraordinaire, Dieu s'était

---

1 Apocalypse 3[21] : « Celui qui vaincra, je le ferai asseoir avec moi sur mon trône, comme moi j'ai vaincu et me suis assis avec mon Père sur son trône. »

invité ici-bas en la personne du Christ. La logique humaine et religieuse était attaquée de plein fouet ! Elle ne pouvait concevoir la présence effective de Dieu **sans la présence du ciel en son entier.** C'est-à-dire qu'elle ne pouvait accepter que le divin se matérialise, s'abaisse ici-bas à parler une langue à la mesure de l'homme, laissant derrière lui les cieux, leurs langues et leurs angoissants jugements sur l'Histoire. Dieu pouvait s'écraser sur terre, anges, trompettes, éclairs et tremblements à l'appui ; le ciel pouvait tomber sur la tête des hommes ; mais que Dieu trempe ses pieds dans la boue, s'habille de peau, incognito... cela, les puissances de la sainte logique ne pouvaient le tolérer. – Il en est de même pour nous aujourd'hui. Quand le marin suit l'étoile Polaire pour atteindre le continent, la lumière et l'étoile sont à ses yeux une seule et même chose. Mais pour l'astrophysicien, la lumière vient d'accomplir le prodigieux voyage de 460 années-lumière pour parvenir jusqu'au marin, c'est-à-dire qu'elle serait partie de là-bas en l'an 1548, au début du règne du roi de France Henri II. C'est ainsi que la science se doit de nettement distinguer le monde de l'étoile qui lui est totalement inconnu, de sa minuscule lumière présente aujourd'hui dans le sextant du marin, et dont il peut « disséquer » les photons. Mais pour la lumière et son étoile, de même que pour le marin qui chemine grâce à elle, cette distinction n'existe pas : la lumière, c'est l'étoile ; et l'étoile, c'est la lumière. Leur connivence est sans limites. Ce n'est que dans une perspective mathématique qu'un espace-temps infranchissable les sépare. C'est-à-dire que dans cette perspective, la lumière, ce n'est pas l'étoile ! Le poète ou le prophète, de même que le fou et l'enfant diront : « l'étoile est venue jusqu'à nous » ; tandis que le sextant, l'homme civilisé et l'astrophysicien les accuseront de mentir, preuve à l'appui : « si l'étoile Polaire venait à jusqu'à nous, nous assisterions à la fin de notre monde ». Ainsi parle-t-on en latin mathématique.

Pareillement nous faut-il recourir à la métaphore du père et du fils pour concevoir une chose aussi extraordinaire que la présence historique de Dieu sur notre terre. Ainsi procède l'Évangile ; il parle du père et du fils dans un effort de communication et tel un instrument du langage ; mais la logique de cette distinction n'est qu'apparente et un leurre intellectuel. L'auteur est réellement en train d'évoquer **un seul être**, au travers d'une parabole et du fait de la cécité de ses lecteurs ![2] Et ce faisant, il prend le risque de voir son arrière-pensée être rationalisée en une donnée théologique, il prend le risque de voir la métaphore père-fils être prise à la lettre, il prend le risque que son texte soit rendu logique et mathématique comme le font les astrophysiciens lorsqu'ils observent l'Univers. Toutefois, aux yeux de Dieu, l'espace et le temps n'ont absolument pas la même perspective que pour nous ou que pour le scientifique, de sorte que l'unité entre le prophète de Galilée et Dieu est sans fin et sans limites ; leur unité est maître du temps et maître de l'espace — à l'encontre des apparences historiques ! Et c'est précisément sa capacité à être historique et anhistorique **en même temps** qui chez le Christ nous déroute totalement. Car lorsqu'il tient des propos tels que : « Le Fils ne peut rien faire de lui-même s'il ne voit le Père en train de le faire ; car ce que fait le Père, le Fils le fait pareillement » (5^{19}), il faut comprendre qu'il parle encore en parabole à cause de

---

2 ...parce qu'il est impossible d'expliquer Dieu par la raison, même si telle est notre inclination naturelle.

notre aveuglement. De même, lorsqu'il menace le vent et la mer, disant, « silence ! tais-toi ! » (MARC 4^{39}), c'est que le même « silence ! tais-toi ! » est écouté, ailleurs, par les oreilles des lois qui ordonnent la réalité. L'homme naturel entend un homme parler à la mer qui aussitôt se calme, tandis que les lois entendent une volonté toute-puissante leur interdire de faire périr des hommes ; mais l'esprit du Christ ne fait aucune distinction entre la réalité visible ici-bas et son invisible structure au-delà ; quand il parle à l'une, c'est qu'il parle en même temps à l'autre. Si nous pouvions entendre le Christ spirituellement, nous dirions alors que sa voix ressemble à une voix double. Ainsi parlait l'auteur de l'APOCALYPSE : « Sa voix résonne comme de grandes chutes d'eau » (cf. APO 1^{15}). C'est pourquoi le Christ aurait tout aussi bien pu dire : « Ce que fait le Fils, le Père le fait pareillement. »

C'est en fin pédagogue que l'Évangile nous fait entendre la voix historique du fils comme étant l'écho de celle du père ; car en nous montrant d'abord Jésus — historiquement, il cherche précisément à ce que **nous nous échappions** du Jésus historique ; il veut que nous nous tournions vers son murmure au-delà. Il veut nous conduire plus avant, plus loin que ce Jésus selon la chair auquel s'arrêtent religieusement les hommes de la Nature, les fils de l'Histoire ; il veut nous conduire vers son mystère anhistorique, vers son visage révélé, là où « le Christ est sur le trône de Dieu » (APO 3^{21}).